Sabine Knauer · Hans Schlotthauer · Helmut Stein

Bürokaufmann
Bürokauffrau

Prüfungstrainer Zwischenprüfung
Übungsaufgaben und erläuterte Lösungen

Lösungs- und Erläuterungsteil

Bestell-Nr. 03

U-Form-Verlag · Hermann Ullrich (GmbH & Co) KG

Ihre Meinung ist uns wichtig!

Bei Fragen, Anregungen oder Kritik
zu diesem Produkt senden Sie bitte
eine E-Mail an:

feedback@u-form.de

Wir freuen uns auf Ihre Rückmeldung.

Bitte beachten Sie:

Zu diesem Prüfungstrainer gehören auch noch ein Aufgabenteil und ein Lösungsbogen.

U-Form-Verlag, Hermann Ullrich (GmbH & Co) KG
Cronenberger Straße 58 · 42651 Solingen
Telefon 0212 22207-0 · Telefax 0212 208963
Internet: www.u-form.de · E-Mail: uform@u-form.de

20. Auflage 2010 · ISBN 978-3-88234-003-7

Inhaltsverzeichnis Lösungsteil

01

Leistungserstellung und Leistungsverwertung

02

Betriebliche Organisation und Funktionszusammenhänge

Leistungserstellung und Leistungsverwertung

01.01

Hauptaufgabe eines erwerbswirtschaftlich orientierten Unternehmens ist die **Gewinnerzielung**. Dies ist zur Erhaltung der Wettbewerbsfähigkeit (und damit der Arbeitsplätze) zwingend notwendig.

Alle anderen Aussagen ergeben sich aus der marktwirtschaftlichen Ordnung, in die das Unternehmen eingebettet ist. Auch in unserer Wirtschaftsordnung ist es aber möglich, dass nicht die Gewinnorientierung, sondern die Bedarfsdeckung im Vordergrund steht (z. B. bei öffentlichen Verkehrsunternehmen). 5

01.02

Die unter **2** aufgeführten Aussagen sind richtig. 2

Auf einem **Käufermarkt** hat der Käufer die stärkere Position auf dem Markt und kann daher die Entwicklung der Preise der angebotenen Güter und/oder Dienstleistungen entscheidend mitbestimmen. Dies ist u. a. der Fall, wenn das Angebot die Nachfrage übersteigt (Nachfrage kleiner als Angebot) und eine starke Konkurrenz auf der Anbieterseite besteht.

Auf einem **Verkäufermarkt** haben die Verkäufer die stärkere Position auf dem Markt, d. h. sie können die Gestaltung der Preise entscheidend mitbestimmen. Dies ist u. a. der Fall, wenn die Nachfrage das Angebot übersteigt (Angebot kleiner als Nachfrage) und eine geringe Konkurrenz auf der Anbieterseite besteht.

Zu 1. In beiden Ausagen ist der Verkäufermarkt dargestellt.

Zu 3. Die Aussage zu dem Verkäufermarkt ist falsch.

Zu 4. Die Aussagen müssten ausgetauscht werden.

Zu 5. Die Aussage zu dem Verkäufermarkt ist falsch.

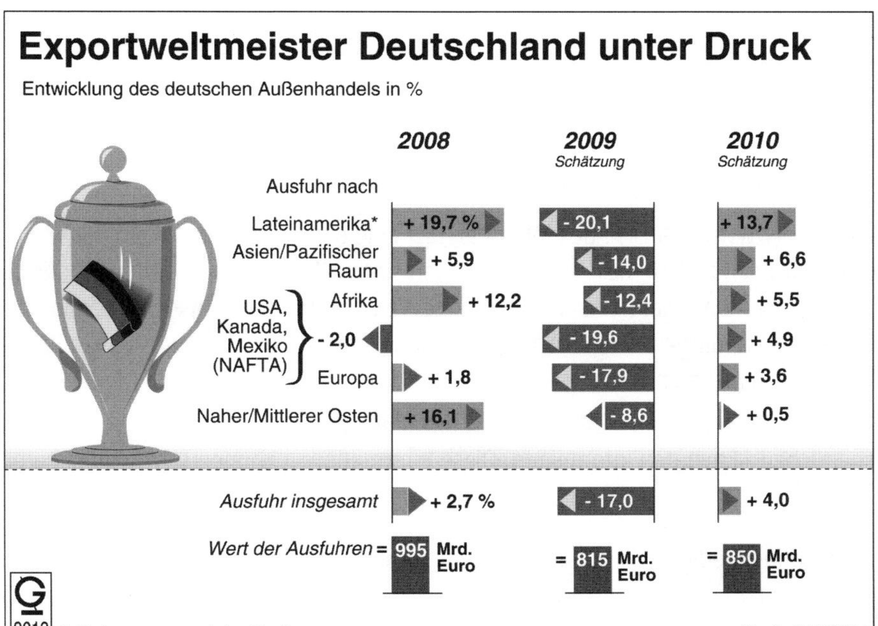

Für das Jahr 2010 gibt es Hoffnung: Dann könnten die Ausfuhren wieder leicht um vier Prozent auf 850 Milliarden Euro zulegen.

01.03

Aus der Kostensicht des Lieferers ergibt sich folgende Reihenfolge der Lieferbedingungen:

ab Werk
Der Kunde übernimmt alle Transportkosten.

ab hier
Der Kunde übernimmt alle Transportkosten ab Absendestation (Bahnhof, Flughafen, Schiffshafen).

frei Wagon
Im Unterschied zu „ab hier" übernimmt der Lieferer die Verladekosten auf der Absenderstation.

frachtfrei
Der Lieferer übernimmt alle Kosten bis zur Empfangsstation.

frei Haus
Der Lieferer übernimmt alle Kosten bis zum Kundensitz.

a) 1
b) 5
c) 2
d) 4
e) 3

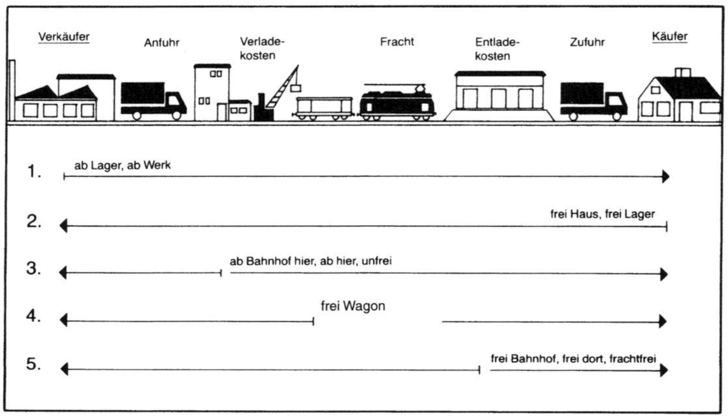

01.04

Die Kennziffern **3.** und **5.** geben die richtige Lösung wieder.

Zu 3. Das Word Wide Web (www.) – ein Teil des Internets – ist eine der wichtigsten Informationsquellen, um schnell an Bezugsadressen zu kommen. Nützliche Seiten sind z. B. www.gelbe-seiten.de oder das klassische Nachschlagewerk „Wer liefert was? (WLW)" als Online-Version im Internet (web.wlwonline.de). Die Nutzung von Suchmaschinen mit dem Suchbegriff „Bezugsquellen" ist natürlich auch eine gängige Methode, um über das Internet zu recherchieren. 3

Zu 5. Die Industrie- und Handelskammern verfügen nicht nur über eine Anschriftendatei, sondern können auch über die geschäftlichen Aktivitäten informieren. Diese Informationen können sehr schnell bereitgestellt und abgerufen werden. 5

Zu 1. Dem Telefonbuch können lediglich Anschrift und Rufnummer entnommen werden.

Zu 2. Die Liefererdatei scheidet als Informationsquelle aus, da wir ja noch andere Produkte als bisher benötigen (Diversifikation).

Zu 4. Zeitschriften dienen der allgemeinen Information und der Unterhaltung.

01.05

a) **Werkvertrag**
Durch den Werkvertrag wird der Unternehmer zur Herstellung des versprochenen Werkes, der Besteller zur Entrichtung der vereinbarten Vergütung verpflichtet (BGB § 631 Abs. 1).
Beim Werkvertrag stellt der Auftraggeber das benötigte Material. Im Beispiel der Aufgabe 1.05 a) stellt die Auftraggeberin der Schneiderin das Material für das Modellkleid zur Verfügung. 4
Anmerkung: Wenn neben der Arbeitsleistung auch das benötigte Material von dem „Werkunternehmer" (in diesem Fall: die Schneiderin) gestellt wird, wurde im alten Schuldrecht der Begriff „Werklieferungsvertrag" verwendet. Nach § 651 BGB neue Fassung finden hier die gesetzlichen Regelungen **zum Kauf** Anwendung.

b) **Mietvertrag**
Durch den Mietvertrag wird der Vermieter verpflichtet, dem Mieter den Gebrauch der vermieteten Sache während der Mietzeit zu gewähren. Der Mieter ist verpflichtet, dem Vermieter den vereinbarten Mietzins zu entrichten (BGB § 535). 2

c) **Kaufvertrag**
Durch den Kaufvertrag wird der Verkäufer einer Sache verpflichtet, dem Käufer die Sache zu übergeben und das Eigentum an der Sache zu verschaffen... Der Käufer ist verpflichtet, dem Verkäufer den vereinbarten Kaufpreis zu zahlen und die gekaufte Sache abzunehmen (BGB § 433, Abs. 1 + 2). 3

d) **Kaufvertrag**
Online-Geschäft: Der Kunde gibt eine Willenserklärung ab durch das Anklicken des entsprechenden Buttons auf der Website (er möchte das Produkt erwerben); der Lieferer akzeptiert dies durch seine Bestellungsannahme in Form der Bestätigungs-E-Mail. Die Leistung erfolgt durch die Bereitstellung des Download-Zugangs. 3

Zu 1. Leihvertrag
Durch den Leihvertrag wird der Verleiher einer Sache verpflichtet, dem Entleiher den Gebrauch der Sache unentgeltlich zu gestatten (BGB § 598).

01.06

a) **Kauf zur Probe**
Eine Probemenge wird (oft zum Einführungspreis) gekauft; der Käufer kann bei Zufriedenheit anschließend eine größere Bestellung aufgeben. 3

b) **Spezifikationskauf (HGB § 375)**
Kauf einer bestimmten Menge Gattungsware, bei der der Käufer Einzelheiten der Warenbeschaffung erst später festlegt. 4

c) **Kauf auf Abruf**
Kauf einer größeren Menge, die vom Kunden bei Bedarf in Teilmengen abgerufen wird. 1

d) **Kauf auf Probe (BGB § 454 und § 455)**
Rückgaberecht innerhalb einer vereinbarten Frist. 2

Leistungserstellung und Leistungsverwertung

01.07

Unter Humanisierung der Arbeit versteht man alle betrieblichen Maßnahmen, die die Arbeitshaltung am Arbeitsplatz günstig beeinflussen können und zur Verbesserung der Produktivität und / oder zur Kostensenkung führen können.

Beispiele zur Humanisierung sind unter den Ziffern **1**, **2**, **4** und **5** genannt.

Die Verbesserung der Aufstiegsmöglichkeiten ist Aufgabe der Personalentwicklung.

Die Angabe **3** trifft also nicht zu. 3

01.08

Bei der Warenbeschaffung sind folgende Arbeitsschritte vorgegeben:

1. Bedarfsmeldung abgeben (b)
2. Bezugsquelle analysieren (e)
3. Angebote einholen (h)
4. Günstigstes Angebot ermitteln (a)
5. Bestellung schreiben (g)
6. Auftragsbestätigung mit Bestellkopie vergleichen (f)
7. Waren prüfen und lagern (d)
8. Eingangsrechnung prüfen und zahlen (c)

a) 4
b) 1
c) 8
d) 7
e) 2
f) 6
g) 5
h) 3

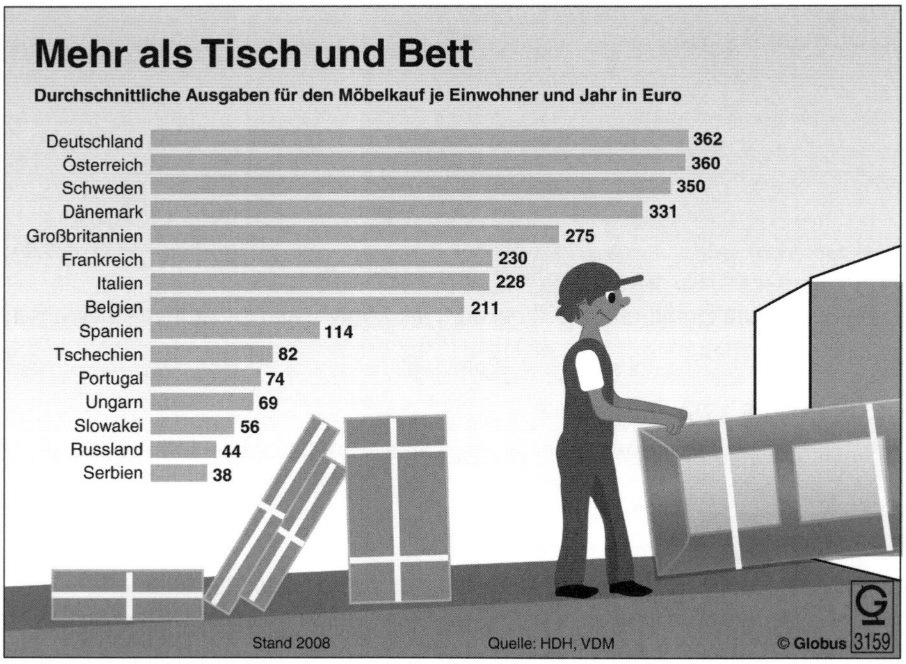

Sorgen bereitet der Möbelbranche die Billigkonkurrenz aus dem Ausland, insbesondere aus Asien: Im ersten Halbjahr 2009 stieg der Import aus China um fast zwölf Prozent. Damit steigt China zum führenden deutschen Möbellieferanten auf, mit der Folge, dass die Containerware den Preiskampf im Handel weiter anfacht.

01.09

Erfüllungsstörungen sind u.a.

Lieferungsverzug (Verspätung der Leistung; Schuldnerverzug)

Leistungsverzug des Verkäufers, wenn er nicht rechtzeitig liefert. Voraussetzungen sind:

- Fälligkeit der Lieferung
- Verschulden des Verkäufers
- Mahnung (nicht bei Fixkauf und Selbstinverzugsetzung des Lieferers)

Zahlungsverzug (Verspätung der Leistung; Schuldnerverzug)

Leistungsverzug des Geldschuldners, Voraussetzungen sind:

- Verschulden des Käufers
- Fälligkeit
- Mahnung (nicht wenn Zahlungstermin kalendermäßig bestimmt ist und bei Selbstinverzugsetzen des Schuldners bzw. automatisch 30 Tage nach Fälligkeit und Zugang einer Rechnung oder gleichwertiger Zahlungsaufforderung)

Annahmeverzug (Gläubigerverzug)

Käufer nimmt die ordnungsgemäß gelieferte Ware nicht an. Voraussetzung ist:

- vereinbarter Liefertermin

a) Beim Lieferungsverzug kann Schadensersatz statt Leistung und/oder Rücktritt vom Vertrag gefordert werden. (§ 281 und § 323 BGB) 5

b) Beim Zahlungsverzug kann der Betrag mithilfe eines Mahnbescheides angefordert werden (§§ 688 ZPO). 4

c) Beim Annahmeverzug kann der Verkäufer einen Selbsthilfeverkauf durchführen (§ 383 BGB). 1

01.10

Die Feststellungen **1.** und **3.** sind **richtig**. 1 3

Zu 1. Es handelt sich um eine **Freizeichnungsklausel**. Durch Freizeichnungsklauseln kann die Verbindlichkeit von Angeboten eingeschränkt werden bzw. Angebote können dadurch völlig unverbindlich werden. *„Lieferzeit freibleibend"* bedeutet, dass der Liefertermin unverbindlich ist.

Weitere Beispiele für Freizeichnungsklauseln sind:

- solange der Vorrat reicht
- Preise freibleibend
- freibleibend
- ohne Gewähr, ohne Obligo (d. h. ohne Verpflichtung)

Zu 2. Hier handelt es sich um eine Lieferbedingung über die Versandkosten. Bei einer Lieferbedingung, die z. B. „frei Haus" lautet, übernimmt der Lieferer alle Kosten bis zum Kundensitz (vgl. Lösung 01.03).

Zu 3. Diese Feststellung ist **richtig**. Preis und Menge bleiben aber verbindlich, sofern nichts anderes angegeben ist. (Völlig unverbindlich wäre: „Preis, Menge und Lieferzeit freibleibend")

Zu 4. Diese Feststellung ist nicht richtig, siehe Erläuterung zu 3.

Zu 5. Diese Feststellung trifft nicht zu.

02.01

a) Der Einkauf prüft Angebote, um den leistungsfähigsten und günstigsten Lieferer festzustellen. Ihm erteilt er die Bestellung. Auftragsbestätigung und Rechnung werden genau kontrolliert und zur Zahlung weitergegeben. Der Einkauf arbeitet eng mit Lager, Rechnungswesen und Verkauf zusammen. 5

b) Mit der Lagerung von Gütern kann eine wert- und mengenmäßige Minderung eintreten. Eisen verrostet, Lebensmittel verderben, Kleidungsstücke werden unmodern. Daher ist eine laufende Kontrolle (Vorrat, Qualität, Menge, Wert usw.) erforderlich. 1

c) Um den Versand verkaufter Güter kümmern sich Frachtführer und Spediteure. In größeren Unternehmen sind aus Kostenersparnisgründen oft eigene Verkehrsabteilungen (Spedition, Seefracht) eingerichtet, die nach den einschlägigen Bestimmungen selbst die Beförderung der Güter in die Wege leiten. 4

d) Innerhalb des Rechnungswesens werden in der Buchführung die Vermögens- und Kapitalbestände und deren Veränderung erfasst. Dies dient zur Ermittlung des Erfolges eines Rechnungszeitraumes (Jahr/Monat) und liefert Unterlagen für die Besteuerung. Auch für die Kostenrechnung, Statistik und Planung liefert es die Daten. 2

e) Der Verkauf kümmert sich um den Absatz der Waren, denn erst dadurch fließt dem Unternehmen in Form des Erlöses Kostenersatz und Gewinn zu. Es wird an Hersteller, Weiterverarbeiter, Einzel- und Großhändler und Großverbraucher verkauft. Die Durchführung des Verkaufs ist weitgehend durch die Art des Betriebes bedingt (Ladenverkauf, Großhandel, Messen, Warenbörsen usw.). 3

02.02

Folgende Arbeiten gehören zu den Inventurarbeiten:

1. Der Istbestand wird durch körperliche Bestandsaufnahme der Waren festgestellt. 1

2. Da die Inventur auch eine Bewertung der Waren beinhaltet, muss neben der Menge auch der Preis genau überprüft werden. 2

4. Bei einer Bestandsaufnahme wird der Vergleich zwischen Ist- und Sollbeständen notwendig. Aus der Lagerdatei wird der Sollbestand ersichtlich. 4

Die Punkte **3** und **5** gehören nicht zu den Inventurarbeiten.

Zu 3. Das Nachprüfen von Lebensmitteln gehört zur Qualitätskontrolle eingelagerter Waren (Lagerkontrolle) und führt bei verdorbener Ware zum Ausscheiden (Warenpflege).

Zu 5. Bei eventuell erforderlichen Warenrückgaben an das Lager (Mängelrügen, Annahmeverzug) wird als Beleg häufig ein Rücklieferungsschein ausgestellt. Dies hat mit Inventurarbeiten nichts zu tun.

02.03

Die richtige Lösung lautet **4**: E-Mail. 4

In einem internen und externen Computernetzwerk ist der Versand von E-Mails die schnellste und kostengünstigste Art der Nachrichtenübermittlung.

Zu 1. Das Telefon ist in diesem Fall nicht geeignet, weil schriftliche Unterlagen als Beweis vorliegen müssen und Missverständnisse durch Hörfehler ausgeschlossen werden müssen.

Zu 2. Mario Simons soll seine Kollegen **kurzfristig** über neue Preise und Lieferbedingungen informieren. Dazu ist ein Abteilungsmeeting, das erst in vier Wochen angesetzt wird, zu spät.

Das Thema sollte zwar auf der Tagesordnung des nächsten Meetings stehen, aber vorab sollten die Kollegen und Kolleginnen schon per E-Mail informiert worden sein.

Zu 3. Rundschreiben per Hauspost sind umständlich und zeitaufwändig.

Zu 5. Telefax kommt in diesem Fall nicht infrage, da der Einsatz von E-Mail schneller und kostengünstiger ist.

02.04

Der Prokurist einer Firma unterschreibt mit dem Zusatz „ppa." (per prokura), der Handlungsbevollmächtigte mit dem Zusatz „i.V." (in Vollmacht), der Mitarbeiter mit Art- oder Einzelvollmacht mit dem Zusatz „i.A." (im Auftrag).

Bei zwei Unterschriften unterschreibt der Höhergestellte links, der andere Unterschriftsberechtigte rechts. 6

Sind beide Unterschriftsberechtigten gleichrangig, kann die Reihenfolge beliebig gewählt werden.

02.05

Die richtige Antwort lautet: **Prokura**

Die Prokura ermächtigt zu allen gerichtlichen und außergerichtlichen Rechtsgeschäften und Rechtshandlungen, die der Betrieb eines Handelsgewerbes überhaupt (und nicht nur des betreffenden) mit sich bringt. Lediglich für die Veräußerung und Belastung von Grundstücken ermächtigt die Prokura nur dann, wenn die Vertretungsmacht ausdrücklich darauf erstreckt wird (§ 49 HGB). Die Prokura wird im Handelsregister eingetragen. 4

Zu 1. Der Umfang der **Handlungsvollmacht** kann vom Vollmachtgeber beliebig bestimmt, insbesondere auf einzelne oder bestimmte Arten von Rechtsgeschäften und Rechtshandlungen beschränkt werden. Die Handlungsvollmacht wird nicht im Handelsregister eingetragen.

Zu 2. Unter **Promotion** ist die Verleihung des akademischen Doktorgrades zu verstehen.

Zu 3. Die **Artvollmacht** berechtigt zur laufenden Ausführung einer bestimmten Tätigkeit bis auf Widerruf (z. B. Postvollmacht, Kontovollmacht).

Zu 5. Bei der **Gesamtprokura** können nur zwei Prokuristen gemeinsam rechtsverbindlich unterschreiben (§ 48, Abs. 2 HGB).

02.06

In der herkömmlichen Aufbauorganisation unterscheidet man Linie und Stab.

Die Zugehörigkeit zur Linie regelt u. a. Zuständigkeitsfragen; Linien haben also Weisungsfunktion. Der Umfang der Weisungsfunktion wird in einem Organigramm dargestellt.

Stabstellen treffen keine Entscheidungen, ihnen obliegt im Wesentlichen die beratende und informierende Unterstützung der Linie.

Bei den folgenden Abteilungen handelt es sich um Stabstellen:

3. Revision 3

4. Volkswirtschaftliche Abteilung 4

5. Rechtsabteilung. 5

Alle anderen in der Aufgabe genannten Abteilungen gehören zur Linie.

02.07

Eine **Stellenbeschreibung** enthält

- die Bezeichnung der Stelle
- die Aufgaben, deren Bewältigung dem Stelleninhaber obliegt
- die an ihn gestellten Anforderungen
- die Befugnisse des Stelleninhabers
- die Eingliederung der Stelle in den Stellenplan (Organisationsgefüge)
- die Vertretung des Stelleninhabers

Die Urlaubsdauer wird im Manteltarifvertrag festgelegt; der Zeitpunkt ggf. durch eine Betriebsvereinbarung geregelt. 3

02.08

Die **Stellenbeschreibung** hat eine wichtige Funktion in der Personalplanung, -beschaffung und -verwaltung.

Die Feststellungen **1.** bis **4.** geben Funktionen der Stellenbeschreibung wieder.

Feststellung **5.** trifft **nicht** zu. 5

Eine Stellenbeschreibung beschreibt unabhängig von einer bestimmten Person die Anforderungen an den Stelleninhaber: z. B. die Führungs- und Handlungskompetenzen, die fachlichen Kenntnisse und sozialen Fähigkeiten, die von dem Stelleninhaber gefordert werden.

Auch die Befugnisse und Vollmachten, die mit der Stelle verbunden sind, werden aufgeführt sowie die organisatorische Einordnung der Stelle in das Organisationsgefüge des Unternehmens.

Diese Beschreibung ermöglicht außerdem eine Bewertung der Stelle (Objektivierung der Gehaltsstruktur) sowie einen Plan zur Personalentwicklung (Weiterbildung, Beförderung).

03

Organisation des Arbeitsplatzes

04

Arbeits- und Organisationsmittel

03.01

Unter Normung versteht man die Vereinheitlichung von technischen Einzelteilen und bestimmten kompletten Massenerzeugnissen in Bezug auf Größe, Abmessung, Qualität u. a.

Man unterscheidet

- Werknormen: Sie gelten nur im Bereich eines Unternehmens.
- Nationale Normen: Gültigkeit in Deutschland (DIN, festgelegt vom Deutschen Normenausschuss)
- Internationale Normen: Grenzüberschreitende Gültigkeit (ISO-Normen, festgelegt von der International Organization for Standardization)

Die Verwendung der Normen erleichtert die Beschreibung der Ware im Angebot oder in der Bestellung; gleichzeitig zwingt sie zur Einhaltung von Sicherheitsstandards.

Bezogen auf die Aufgabe 03.01 geben folgende Aussagen eine Funktion der Normung wieder:

Zu 1. Normen legen Mindestanforderungen fest. 1

Zu 4. Normen dienen der Vereinfachung der Verständigung zwischen Kunde und Lieferant 4

Zu 5. Bei der Normung von Büromöbeln dienen Normen zu deren Sicherheit. 5

03.02

Unter dem Fachbegriff „Ergonomie" (= Wissenschaft vom Menschen in seiner Arbeitsumwelt) werden alle Überlegungen zusammengefasst, die die Arbeitsmittel, die Arbeitsumwelt und die Arbeit selbst den menschlichen Bedürfnissen anpassen.

Dazu gehören u. a. 1

- die richtige Tischhöhe und ein körpergerecht gestalteter Stuhl 3
- gute Beleuchtung durch entsprechende Lampen 4
- Vermeidung von Geräuschen durch geräuscharme Maschinen
- gesundheitsgerechte Klimatisierung

Die Aussagen zu **2** und **5** werden durch den Begriff Ergonomie nicht erfasst.

03.03

Lösung **3** ist falsch 3

Die „Verordnung über Sicherheit und Gesundheitsschutz bei der Arbeit an Bildschirmgeräten" (Bildschirmarbeitsverordnung – BildscharbV) gilt **nicht** für Rechenmaschinen, Registrierkassen oder andere Arbeitsmittel, die mit einem Display (einer Datenanzeigevorrichtung) versehen sind.

Alle anderen Aussagen treffen zu.

Der Arbeitgeber ist nach dieser Verordnung verpflichtet, die Sicherheits- und Gesundheitsbedingungen an einem Bildschirmarbeitsplatz zu ermitteln und zu beurteilen, insbesondere hinsichtlich einer möglichen Gefährdung des Sehvermögens sowie körperlicher und psychischer Belastungen.

03.04

Die richtigen Lösungen lauten **2** und **5**.

Zu 2. Das Untergestell eines Bürostuhls muss mit mindestens fünf Abstützpunkten (Rollen oder Gleitern) versehen sein. Bei Verwendung von Rollen muss gewährleistet sein, dass der Stuhl unbelastet nur schwer rollt, dass er sich aber leicht bewegen lässt, wenn eine Person darauf sitzt. 2

Zu 5. Die sicherheitstechnischen Mindestanforderungen an Bürodrehstühle und Bürodrehsessel sind in DIN 4551 festgelegt. Ein Bürodrehstuhl muss ein drehbares Oberteil haben, mit einer Rückenlehne versehen sein und in der Höhe verstellbar sein. 5

Zu 1. Armlehnen (Armstützen) sind in der Norm nicht vorgeschrieben. Bürodrehstühle können mit oder ohne Armstützen verwendet werden.

Zu 3. Die Farbe der Büromöbel hat zwar nachweislich einen Einfluss auf die Stimmung derjenigen, die in einem Büroraum arbeiten, dennoch gehört es nicht zu den Rechten eines Arbeitnehmers, diesbezüglich bestimmte Vorstellungen durchsetzen zu können. Oft bestimmt das Kriterium der sog. „Corporate Identity" eines Unternehmens auch das farbliche Erscheinungsbild der Büromöbel.

Zu 4. Die Schreibtische müssen nicht höhenverstellbar sein. Nicht höhenverstellbare Bildschirm-Arbeitstische müssen 720 mm hoch sein, als Mindestbreite wird 160 mm empfohlen. Der Verstellbereich von höhenverstellbaren Bildschirm-Arbeitstischen ist von der Verwaltungs-Berufsgenossenschaft auf mindestens 680 – 760 mm (Oberkante Tischfläche) festgelegt worden.

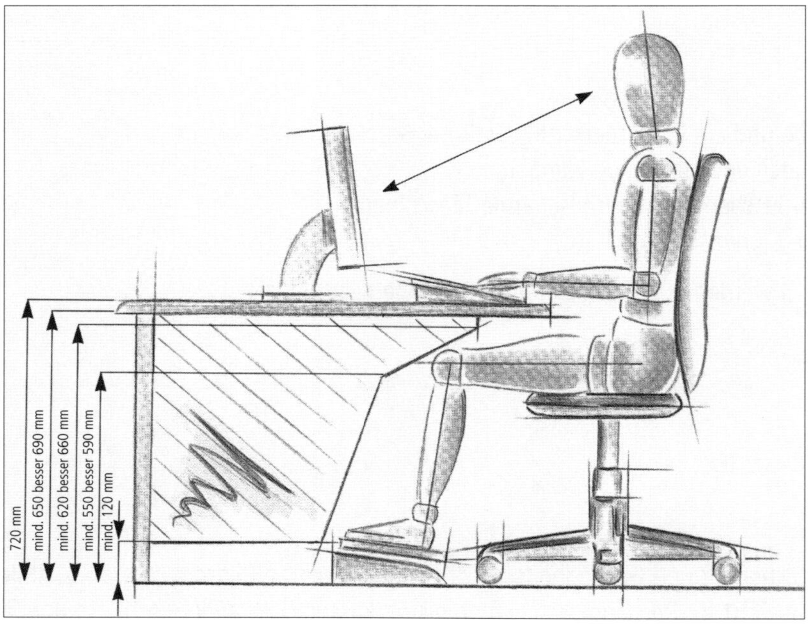

Beispiel eines ergonomisch gestalteten Bildschirm-Arbeitsplatzes

Quelle:
Verwaltungs-Berufsgenossenschaft

03.05

Die falsche Angabe in der Checkliste befindet sich in Zeile **7**: 7

Eine angemessene Raumtemperatur für Büroräume liegt bei 21° Celsius bis 22° Celsius.

Alle anderen Punkte treffen zu.

- Die Laufwege sind frei zu halten von Stolperstellen (z. B. Leitungen).
- Die Zugangswege zum Fenster und zur Tür müssen frei gehalten werden und Bewegungsfreiräume sind generell ausreichend zu bemessen.
- Das betrifft auch die Bewegungsfreiräume unter dem Arbeitstisch (Beinfreiheit).
- Der Arbeitstisch muss ausreichend große Bewegungs- und Ablageflächen bieten.

Zu weiteren Details siehe Bildschirmarbeitsverordnung (BildscharbV) sowie z. B. Informationen der Berufsgenossenschaften und Krankenkassen (Websites im Internet).

Dem Arbeitgeber obliegt eine besondere Informationspflicht gem. Arbeitsschutzgesetz:

§ 12 Unterweisung

(1) Der Arbeitgeber hat die Beschäftigten über Sicherheit und Gesundheitsschutz bei der Arbeit während ihrer Arbeitszeit ausreichend und angemessen zu unterweisen. Die Unterweisung umfasst Anweisungen und Erläuterungen, die eigens auf den Arbeitsplatz oder den Aufgabenbereich der Beschäftigten ausgerichtet sind. Die Unterweisung muss bei der Einstellung, bei Veränderungen im Aufgabenbereich, der Einführung neuer Arbeitsmittel oder einer neuen Technologie vor Aufnahme der Tätigkeit der Beschäftigten erfolgen. Die Unterweisung muss an die Gefährdungsentwicklung angepasst sein und erforderlichenfalls regelmäßig wiederholt werden.

Arbeitsschutzgesetz (Auszug)

Arbeits- und Organisationsmittel

04.01

Schreib- und Druckpapiere sind nach **DIN 476** genormt. Das Ausgangsformat ist A0, ein Rechteck mit einem Flächeninhalt von 1 m² und einem Seitenlängenverhältnis von $1 : \sqrt{2}$. Daraus wird durch fortgesetztes Hälften oder Doppeln die A-Reihe abgeleitet, das ist die Hauptreihe. Sie wird für Geschäftsbriefe, Vordrucke, Zeichnungen, Prospekte u. Ä. angewendet.

Die Zusatzreihen der B- und C-Formate sind in ihrer Größe so angelegt, dass Schriftgut des jeweils abhängigen Formates der kleineren Reihe (A bzw. C) darin untergebracht werden kann. C- und B-Formate werden also für Briefhüllen, Mappen, Aktendeckel verwendet. Die B-Reihe hat größere Formate als die C-Reihe.

Für die Aufgabe 04.01 ergibt sich daher als Lösung:

a) **Karteikarte, halb so groß wie A5 = A6 (siehe unten stehende Abbildung).** 3
Eine Karteikarte dieser Größe wird zweckmäßigerweise in einer Briefhülle **C6** verpackt.

b) **Geschäftsbrief, Vordruck A4, nach DIN 676 gefaltet** 6
Ein nach DIN 676 gefalteter Geschäftsbrief passt in die Briefhülle **DL**.

c) **Schriftstück in C4-Aktendeckel** 5
Ein C4-Aktendeckel muss in einer Briefhülle der nächsthöheren Formatreihe untergebracht werden, also in **B4**.

d) **Schriftstück in A4-Format, ungefaltet** 1
Das entsprechende Briefhüllenformat ist **C4**.

e) **C5-Briefhülle, noch einmal zu verpacken**
Die nächsthöhere Format-Reihe ist die B-Reihe. Das entsprechende Briefhüllenformat in diesem Fall wäre 2
also **B5**.

f) **Broschüre in A5-Format** 4
Eine Einlage in A5-Format wird in einer Briefhülle **C5** untergebracht.

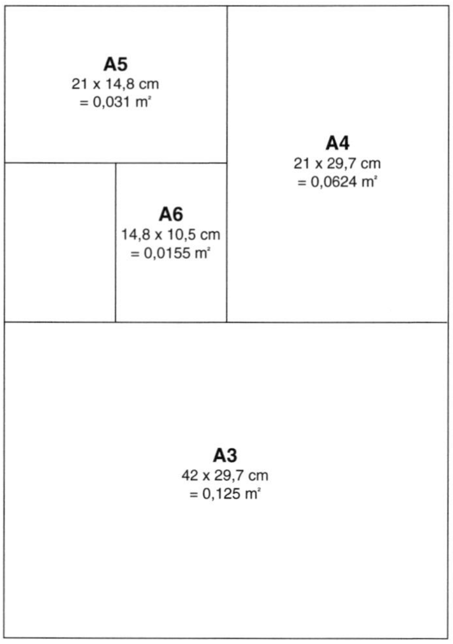

Verkleinerte schematische Darstellung der Papier-Endformate nach ISO (International Organization for Standardization); Europäische Norm EN 20216

04.02

Die Kennziffern **1.** und **3.** geben die richtigen Feststellungen wieder. 1

Zu 1. Es handelt sich um ein Multifunktionsgerät zum Kopieren, Faxen und Drucken. 3

Zu 3. Bei einem Laserdrucker wird das Bild des Originals mithilfe elektronischer Daten zunächst auf eine beschichtete, elektrisch geladene Bildtrommel übertragen. Die Bildtrommel wird von einem Laser belichtet. An den belichteten Stellen verliert die Bildtrommel ihre Ladung. Die belichteten Stellen nehmen bei Drehung der Bildtrommel dadurch keinen Toner an.

Die unbelichteten Stellen ziehen den Toner dagegen durch die elektrische Ladung an. Dadurch entsteht ein Zwischenbild auf der Bildtrommel. Mithilfe des Toners wird das Druckbild auf das Papier des Druckers übertragen.

Bei einem LED-Drucker wird die Bildtrommel statt mit einem Laser durch Leuchtdioden (LEDs) belichtet.

Die Feststellungen **2.**, **4.** und **5.** entsprechen nicht der Produktbeschreibung.

Zu 2. Das Gerät verfügt über eine integrierte Netzwerkkarte. Dadurch können Arbeitsgruppen den Drucker gemeinsam über ein Netzwerk benutzen.

Zu 4. Die angegebene Faxgeschwindigkeit beträgt 20 Seiten pro Minute. Das bedeutet, dass Faxnachrichten in 3 Sekunden pro Seite übertragen werden.

Zu 5. Laut Produktbeschreibung erfolgt beim Startvorgang die Ausgabe der ersten Seite in 8,5 Sekunden nach Einschalten des Gerätes. Das Gerät funktioniert also ohne längere Wartezeit aus dem Ruhezustand.

04.03

Die Erklärungen zu **2** und **4** sind falsch. 2

Zu 2. Im Draft Modus („Entwurf"-Modus) druckt der Drucker aufgrund der verringerten Auflösung schneller. 4

Zu 4. Bei einem Duplex-Drucker können beide Seiten eines Blattes bedruckt werden. Das Papier im Drucker wird automatisch gewendet. „Duplex-Drucker" hat mit dem Begriff Multifunktionsgerät nichts zu tun, d. h. diese Geräte können sich durchaus nur auf die Druckfunktion beschränken.

Die Erklärungen zu **1**, **3** und **5** sind richtig.

04.04

Die Aussage **1** ist falsch. 1

Zu 1. Bei Diktiergeräten unterscheidet man

- Diktiergeräte für Aufnahme und Wiedergabe
- Geräte nur für Aufnahme (Wiedergabe zu Kontrollzwecken bzw. Korrektur ist möglich)
- Geräte nur zur Wiedergabe

In der Praxis genügt für den Diktierenden meist ein Aufnahme-, für die Schreibkraft ein Wiedergabegerät. Dies ermöglicht es, dass Diktierender und Schreibkraft zeitlich unabhängig voneinander arbeiten können. Die Schreibarbeit kann außerdem auf mehrere Personen verteilt werden.

Die Aussagen **2** – **5** sind richtig.

Zu 2. Auch Smartphones können mit entsprechender technischer Ausstattung versehen als Diktiergerät dienen.

Zu 3. Diese Aussage trifft auf digitale Diktiersysteme zu.

Zu 4. Beim digitalen Diktieren dienen die Festplatte, ein optischer Speicher oder ein Flash-Speicher als Datenträger.

Zu 5. Dies betrifft die Vorteile der digitalen Sprachaufzeichnung.

BlackBerry Storm 2

Das BlackBerry-Smartphone – auch als professionelles Diktiergerät zu nutzen!

Die Software „Findentity Mobile Dictate" von Thax Software bietet eine Lösung, durch die sich das Gerät in einen Diktiermodus mit einfacher Einhandbedienung schalten lässt. Ausgewählte Tasten und der Trackball sind mit Funktionen wie bei professionellen Diktiergeräten belegt. Das Erstellen praktisch beliebig langer Diktate bzw. Sprachnachrichten mit Vor- und Rückspulfunktion, Einfügen, Löschen und Überschreiben von Passagen sowie Lesezeichen, ist damit möglich.

04.05

Datenverarbeitung funktioniert in folgenden, immer wiederkehrenden Phasen:

1. Phase
Eingabe der Daten durch die Eingabegeräte, z. B. Tastatur, Lichtstift, Maus. Nach der Eingabe werden die Daten automatisch in maschinell lesbare Form umgewandelt und im Arbeitsspeicher für die laufende Verarbeitung zur Verfügung gehalten.

2. Phase
Verarbeitung der Daten im Rechenwerk. Das Rechenwerk kann nicht nur rechnen, sondern auch vergleichen. Die Durchführung der Verarbeitung veranlasst und überwacht das Steuerwerk, das die Befehle des Programms an das Rechenwerk weitergibt.

3. Phase
Ausgabe der Daten durch die Ausgabegeräte, z. B. Drucker und Plotter.

Nachfolgend werden die Hardware-Komponenten aus Aufgabe 04.05 den in der Aufgabe genannten Funktionen zugeordnet:

a) **Festplatte, Streamer: Externe Speicher.** Diese werden verwendet, um Daten **dauerhaft** zu **speichern**, da die Speicherkapazität des Arbeitsspeichers nur begrenzt ist. Externe Speicher sind gleichzeitig Datenträger. Streamer sind Bandlaufwerke, die zum Speichern von Daten auf Magnetbändern dienen. Sie werden zur Datensicherung eingesetzt. 5

b) **CPU (Central Processing Unit): Verarbeitung.**
Dies ist das Kernstück des Computers. Der Prozessor besteht aus Steuerwerk und Rechenwerk. Das Steuerwerk steuert den Programmablauf nach bestimmten Anweisungen. Im Rechenwerk werden sämtliche Rechen- und Vergleichsoperationen durchgeführt. Es besteht eine enge funktionale Verbindung zum Arbeitsspeicher. Dieser hält die laufenden Programme bereit und die von diesen benötigten Daten; daraus entnimmt der Prozessor schrittweise die Daten zur Verarbeitung. Anschließend gibt der Prozessor die ermittelten Daten wieder an den Arbeitsspeicher zurück. 2

Inzwischen gibt es mehrere Prozessorkerne auf einem Chip (z. B. Dual Core, Quad-Core).

Die Taktfrequenz des Prozessors sowie die Kapazität des Arbeitsspeichers und dessen Zugriffsgeschwindigkeit bestimmen weitgehend die Leistungsfähigkeit eines Computers.

c) **Drucker:** Der Drucker ist in der Praxis das wichtigste **Ausgabegerät** (siehe dazu auch Erläuterung zu Aufgabe 04.06). 3

d) **Tastatur, Maus:** Bei der Tastatur und der Maus handelt es sich um **Eingabegeräte**. 1

e) **Touchscreen:** Hier können durch Berührung des Bildschirms der Cursor bedient und eine Auswahl an Funktionen getroffen werden. Es handelt sich also um ein Gerät sowohl für die **Eingabe** (berührungsempfindlicher Bildschirm) **als auch für die Ausgabe** (die Darstellung auf dem Bildschirm als Rückmeldung der Funktion). 4

f) **Plotter:** Ausgabegerät. Mit einem Plotter können Zeichnungen auf Papier erzeugt werden, auch mehrfarbig. Bei Rasterplottern setzen sich die Zeichnungen aus Bildpunkten (Pixel) zusammen. Vektorplotter erzeugen kleine Linien. 3

g) **USB-Stick:** Speichergerät, meist auf der Basis eines Flash-Speichers. 5

h) **Scanner:** Eingabegerät. Grafiken, Bilder, Zeichen (z. B. Balken-Codes) werden durch Scanner eingelesen. Es werden dabei digitalisierte Bilder erzeugt, die in bestimmten Formaten abgespeichert werden können. 1

04.06

Die technischen Verfahren, nach denen Drucker von Datenverarbeitungsanlagen arbeiten, sind sehr unterschiedlich. Nach der Art der Zeichenerzeugung sind grundsätzlich zu unterscheiden:

1 Impact-Drucker (mechanische Drucker)

1.1 Nadeldrucker

1.2 Typenraddrucker

2 Non-Impact-Drucker (nichtmechanische Drucker)

2.1 Tintenstrahldrucker

2.2 Laserdrucker

2.3 Thermotransferdrucker

a) 3

b) 4

c) 1

d) 3

e) 2

Beim **mechanischen** Druckverfahren wird die Druckfarbe durch einen mechanischen Anschlag (Nadel oder Typenrad) auf das Papier übertragen, indem das Farbband gegen das Papier gedrückt wird. Typenraddrucker wurden inzwischen wegen mangelnder Flexibilität von anderen Druckerarten verdrängt. Nadeldrucker werden jedoch noch verwendet, vor allem dort, wo Durchschläge erzeugt werden müssen.

Nadeldrucker (Matrixdrucker)

Bei diesem Verfahren werden die Zeichen durch Nadeln aus einem Grundraster zusammengesetzt. Die Drucknadeln, die sich in dem Druckkopf befinden, werden entsprechend dem Grundraster geführt. Das Druckwerk bewegt sich zeilenweise weiter.

Es werden Nadeldrucker mit 9, 18, 24 und 48 Nadeln angeboten. Diese Nadeln drücken feine Punkte in variierbarer Dichte und Schärfe über Farbbänder auf das Papier. 48-Nadel-Drucker erreichen eine Auflösung von 360 x 360 Punkten pro Zoll. Sie übertreffen damit sogar manchen Laserdrucker.

Je mehr Nadeln der Druckkopf besitzt, desto feiner werden die erzeugten Zeichen.

Eine besondere Form ist der **Flachbett-Nadeldrucker**. Er eignet sich zum Bedrucken steiferer Materialien, da hier das Druckmaterial nicht um eine Walze herumgeführt werden muss.

Ein Nadeldrucker ist überall dort notwendig, wo Durchschläge gefertigt werden müssen. Für Nadeldrucker, die Endlospapier verarbeiten und unmittelbar am Arbeitsplatz stehen, werden spezielle Lärmschutzhauben angeboten. Die Geräuschentwicklung bei einem Nadeldrucker kann störend sein.

Bei den **nicht-mechanischen** Druckverfahren wird die Farbe entweder durch Sprühen (Tintenstrahldrucker), Aufschmelzen (Thermotransferdrucker) oder elektrostatische Aufladung in Verbindung mit Einbrennen (Laserdrucker) auf das Papier übertragen.

Tintenstrahldrucker

Tintenstrahldrucker sind Zeilendrucker. Die Tintenstrahldruckwerke erzeugen die Schriftzeichen, indem aus senkrecht übereinander angeordneten Düsen mikroskopisch feine Tintentropfen (0,1 mm x 0,1 mm groß) in hoher Geschwindigkeit auf das Papier gesprüht werden. Die Zeichen setzen sich nach einem Grundraster zusammen, basierend auf dem Prinzip des Matrixdrucks. Auch Mehrfarbdrucke sind durch den Einsatz mehrerer Düsenzeilen möglich.

Die Qualität ist abhängig von der Höhe der Auflösung, in der gedruckt wird (dpi = dots per inch).

Fortsetzung auf der nächsten Seite

04.06

Laserdrucker

Laserdrucker sind Ganzseitendrucker. Mit konstanter Geschwindigkeit rotiert eine Trommel, deren Beschichtung elektrostatisch aufgeladen ist. Ein Lichtstrahl wird von einem Spiegel auf diese lichtempfindliche Trommel gelenkt. An den Stellen, an denen die Trommel von dem gebündelten Lichtstrahl getroffen wird, gibt sie ihre Ladung frei. Dadurch entsteht ein latentes (unsichtbares) Abbild der Schriftzeichen auf der Trommel. Die Trommel dreht sich an einer Entwicklereinheit vorbei. An der von dem Lichtstrahl erzeugten „Gravur" bleibt der Toner auf der Trommel haften. Jetzt ist das Schriftbild auf der Trommel bereits sichtbar.

Das Papier, das vom Drucker nun der Papierkassette entnommen wird, wird auf dem Weg durch eine Übertragungseinheit positiv aufgeladen. Der Toner auf der Trommel ist negativ aufgeladen. Dadurch zieht das Blatt den Toner an. Mithilfe von Hitze und Druck wird in der Fixiereinheit der Toner auf dem Papier festgebrannt und das Blatt Papier aus dem Drucker befördert.

Anschließend wird die Trommel-Oberfläche durch einen Reinigungsmechanismus der Tonerkassette von Tonerresten gesäubert und durch einen Lichtstrahl neutralisiert.

Statt eines Laserstrahls werden auch zeilenweise angeordnete Leuchtdioden (LED) verwendet.

Ein Laserdrucker wird häufig als Büro-Arbeitsplatzdrucker eingesetzt. Dieser Drucker ist für Grafik und Schrift gleichermaßen gut geeignet und erzeugt eine hohe Druckqualität.

Umweltaspekte spielen beim Laserdrucker eine besondere Rolle. Gerade bei diesem Drucker sollte darauf geachtet werden, dass der Hersteller das Gerät bereits in Hinsicht auf Entsorgung, sparsamen Energieverbrauch und Recycling konstruiert hat. Im Hinblick auf Emissionen (Feinstaub, Ozon) wurden in den letzten Jahren erhebliche Verbesserungen erzielt. Entsprechende Prüfplaketten an den Geräten geben Hinweise.

Thermotransferdrucker

Der Thermokopf (Druckkopf) bei diesem Drucker besteht aus kleinen Heizelementen (Thermoelementen), die sich erhitzen. Als Farbträger wird eine Folie benutzt, auf der sich wachsartige Farben befinden. Beim Druckvorgang erhitzen die Thermoelemente die Folie punktweise und schmelzen dabei die Farbe mit etwa 100 Grad Celsius auf das Papier bzw. das zu bedruckende Material. Die Zeichen werden so punktweise nach dem Prinzip des Matrixdrucks erzeugt.

Die Farbqualität ist intensiv. Das Verfahren eignet sich z. B. zum Bedrucken von Etiketten und CDs.

04.07

Mit den Aussagen **1**, **2**, und **4** sind einige wesentliche Kennzeichen des Einsatzes von Multifunktionsgeräten (All-in-one-Geräten) genannt.

Fax, Kopierer, Scanner und Drucker benötigen in einem Büro sehr viel Platz. Das bedeutet vor allem für den Bereich des Small Office, Home Office – sog. SOHO – ein Problem, das mit Multifunktionsgeräten gelöst werden kann, da Multifunktionsgeräte platzsparend sind. Zwei Funktionen haben Fax, Kopierer und Scanner gemeinsam: Sie benötigen eine Abtasteinheit, um die Inhalte der Vorlage in Bildpunkte zu verwandeln. Fax, PC-Drucker und Kopierer haben als gemeinsame Funktion die Druckausgabe.

Moderne All-in-one-Geräte ermöglichen auch den Versand und Empfang von E-Mails. Der Anschluss an einen PC bietet für Multifunktionsgeräte besondere Möglichkeiten. Sobald ein Dokument in das Gerät eingelegt wird, öffnet sich auf dem PC-Bildschirm ein Fenster, in dem die gewünschte Funktion ausgewählt werden kann. Die Integration in das Computersystem ermöglicht flüssiges Arbeiten ohne jeweils ein neues Arbeitsmittel benutzen zu müssen. Nicht nur bei Einzelplatzsystemen, sondern auch bei vernetzten Computersystemen in Unternehmen setzen sich die Multifunktionsgeräte immer mehr durch. Nicht zuletzt entfallen dadurch auch Wegezeiten.

Ein Ausfall (Defekt) eines solchen Gerätes hat aber in der Regel für den Nutzer gravierendere Folgen, als wenn es sich um ein Einzelgerät handelt, da gleich mehrere Funktionen nicht mehr angewendet werden können. Es empfiehlt sich also – wie natürlich auch bei Einzelgeräten – auf einen zuverlässigen Service zu achten, der sofort eine Vor-Ort-Reparatur oder einen Geräteaustausch vornehmen kann.

Aussage **3** ist nicht zutreffend. Mittlerweile gibt es zwar sehr leistungsstarke Multifunktionsgeräte, über die Qualität
der erbrachten Leistung sagt aber allein die Tatsache, ob es sich um ein Multifunktionsgerät oder um ein Einzelgerät 3
handelt, nichts aus. Die Leistungen können je nach Gerätetyp sowohl bei Multifunktionsgeräten als auch bei Einzelgeräten sehr unterschiedlich sein.

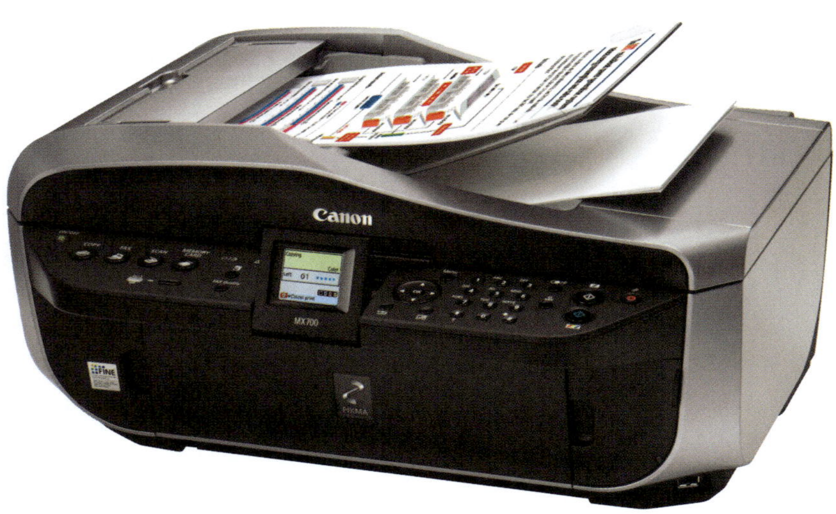

PIXMA MX700 von Canon

Dieses hochwertige Multifunktionssystem mit Single Ink und Fax ist das ideale Gerät für kleine Büros. Die gemeinsame Nutzung der effizienten Funktionen für Faxen, Drucken und Scannen über ein Ethernet-Netzwerk senkt den Zeit- und Kostenaufwand.

05

Bürowirtschaftliche Abläufe

06

Bürokommunikationstechniken, Textverarbeitung

05.01

Die Aussagen **3** und **4** sind richtig.

Zu 3. Mit einer Postvollmacht („Innenvollmacht") können unterschiedliche Personen eine rechtswirksame 3
Vollmacht zur Entgegennahme von Sendungen erhalten. Dazu genügt eine Erklärung des Empfängers, die 4
entweder selbst frei formuliert und unterschrieben wurde, die aber auch als Vordruck erhältlich ist.

Beispiel: Postvollmacht

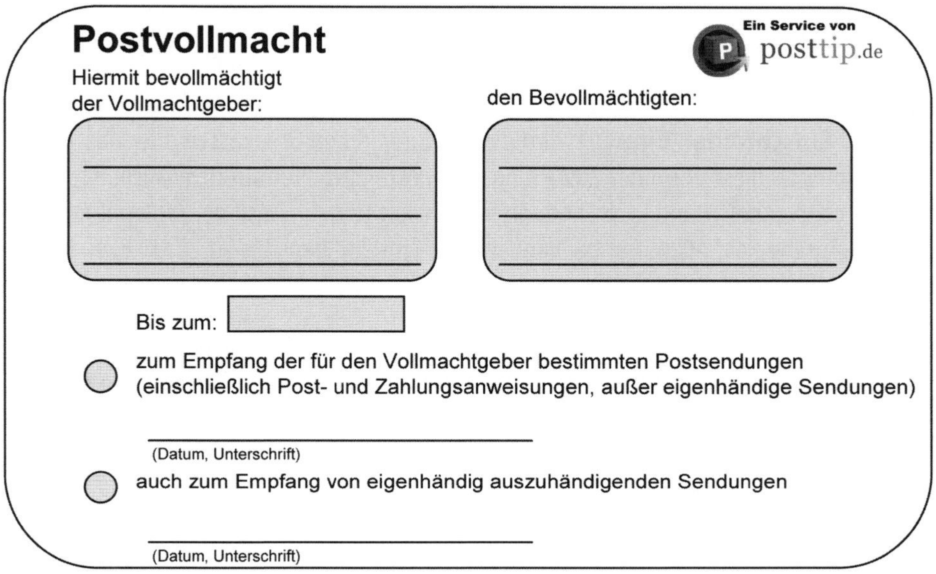

Postvollmacht

Ein Service von posttip.de

Hiermit bevollmächtigt der Vollmachtgeber:

den Bevollmächtigten:

Bis zum:

zum Empfang der für den Vollmachtgeber bestimmten Postsendungen (einschließlich Post- und Zahlungsanweisungen, außer eigenhändige Sendungen)

(Datum, Unterschrift)

auch zum Empfang von eigenhändig auszuhändigenden Sendungen

(Datum, Unterschrift)

Zu 4. Beim Öffnen einer Briefsendung muss überprüft werden, ob die Sendung vollständig ist. Die Anlagenvermerke auf den Geschäftsbriefen erleichtern die Kontrolle, ob alle Anlagen mitgeschickt wurden. Wenn Anlagen fehlen, ist dies auf dem entsprechenden Schreiben sofort zu vermerken.

Aussagen **1**, **2** und **5** sind falsch.

Zu 1. Das Briefgeheimnis (Verbot des unbefugten Öffnens von Briefen) ist in Deutschland zusammen mit dem Postgeheimnis und Fernmeldegeheimnis als Grundrecht festgelegt (Art. 10 GG). Beschränkungen sind nur auf gesetzlicher Grundlage möglich. Das vorsätzliche Öffnen eines verschlossenen Briefes ist auch nach § 202 StGB strafbar. Vorgesetzte dürfen Briefe, die an ihre Mitarbeiter gerichtet sind, nur öffnen, wenn aus der Briefhülle zu ersehen ist, dass es sich um eine dienstliche Mitteilung handelt.

Zu 2. Mit einer Postvollmacht („Innenvollmacht", s. o.) kann der Empfänger eine oder mehrere Personen bevollmächtigen, an ihn adressierte Sendungen in Empfang zu nehmen. Die Postvollmacht berechtigt nicht dazu, grundsätzlich alle im Unternehmen eingehenden Briefe zu öffnen.

Zu 5. Der Eingangsstempel gilt als Beweis des Eingangstages und Eingangsortes; er sagt nichts darüber aus, wer für die Erledigung verantwortlich ist.

05.02

a) **Rückschein**. Die Post übersendet dem Absender die Original-Empfangsbestätigung des Empfängers für die Sendung. Damit hat der Absender einen Beweis in der Hand, wann und an wen die Sendung ausgeliefert wurde. Rückscheine sind nur bei Einschreiben und Nachnahme zulässig. Weigert sich der Empfänger, den Empfang der Sendung auf dem Rückschein zu bestätigen, gilt dies im Bereich der Deutschen Post AG als Verweigerung der Annahme der Sendung. 4

b) **Nachnahme.** Mit Briefsendungen und Postkarten, die als Nachnahme verschickt werden, können Geldbeträge bis zu 1.600,00 EUR eingezogen werden. Für diese Leistung wird ein zusätzliches Entgelt erhoben. 2

c) **Einschreiben.** Bei Einschreib-Sendungen ist zwischen „Einschreiben" und „Einschreiben Einwurf" zu unterscheiden. Das **Einschreiben** wird dem Empfänger persönlich (bzw. dem Empfangsberechtigten) gegen Unterschrift ausgehändigt, beim **Einschreiben Einwurf** wird die Sendung in den Briefkasten oder das Postfach des Empfängers eingeworfen und diese Form der Zustellung vom Postmitarbeiter auf dem Auslieferungsbeleg bestätigt. Durch das „Barcode-Label" kann jede Sendung identifiziert und die Auslieferung anhand des Barcodes erfasst werden. Die Deutsche Post AG haftet bei Verlust eines Einschreibens bis zu 25,00 EUR, bei einem Einschreiben Einwurf bis zu 20,00 EUR. 1

d) **Eigenhändig.** Mit der Zusatzleistung „Eigenhändig" stellen Sie bei einem Einschreiben sicher, dass die Sendung nur dem Empfänger persönlich oder einer von ihm dazu besonders bevollmächtigten Person übergeben wird. Der Vermerk „Eigenhändig" ist – wie alle Produktvermerke – in der Zusatz- und Vermerkzone einzutragen. 3
Andere Vermerke, wie „Persönlich" u. Ä. bewirken die eigenhändige Zustellung **nicht.**

05.03

In der Poststelle wird die eingehende Post

- vorsortiert (Irrläufer aussortiert, unerwünschte Postwurfsendungen entfernt, Briefe ausgesondert, die nicht geöffnet werden dürfen)
- geöffnet – mit einem Brieföffner oder Brieföffnungsmaschinen
- kontrolliert – auf Vollständigkeit der Anlagen: Vergleich mit Anlagenvermerk des Briefes, gründliche Leerkontrolle der Briefhülle (ggf. durch Einsatz von Durchleuchtungsmaschinen)
- mit Eingangsstempel versehen
- nach Empfangsbereichen sortiert und verteilt durch Einsortieren in Sortiergestelle, Mappen usw.
- weitergeleitet – entweder durch Abholdienste aus den einzelnen Abteilungen oder nach dem „Bringesystem" durch Botendienst bzw. technische Transporteinrichtungen (Rohrpost, Förderband etc.)

Im ersten Arbeitsgang muss entschieden werden, welche Briefe **nicht** geöffnet werden dürfen. Dies sind – wenn keine besonderen Anweisungen vorliegen, die Briefe, bei denen der Name der Person, die den Brief empfangen soll, **vor** der Firmenbezeichnung genannt ist.

Eine Sendung, die wie unter 2 adressiert ist, darf also ohne besondere Anweisungen in der Poststelle **nicht** geöffnet werden. 2

Alle anderen in der Aufgabe genannten Sendungen dürfen in der Poststelle geöffnet werden.

Wird irrtümlich ein Brief geöffnet, der nach der Empfängerbezeichnung eigentlich geschlossen weitergeleitet werden sollte, so ist der Vermerk „irrtümlich geöffnet" mit Datum und Kurzzeichen des Öffnenden anzubringen. Der Brief ist vor der Weiterleitung wieder zu verschließen.

05.04

Aussage **4** ist falsch.

Die Deutsche Post AG haftet bei Post-Paketen für Verlust oder Beschädigung in Höhe des unmittelbaren Schadens bis zum Höchstbetrag von 500 EUR je Sendung. Für Pakete, deren Wert 500 EUR übersteigt, ist die Leistung „Transport-versicherung" vorgesehen. Die maximale Werthöhe, die versichert werden kann, beträgt hier 25.000 EUR. Ergänzend hierzu bietet die Deutsche Post Wert Logistik Sonderleistungen für den Transport von sehr hohen Werten an. 4

Alle anderen Aussagen sind richtig.

Zu 1. Das Entgelt für die zusätzliche Leistung wird dem Beförderungsentgelt für die Sendung hinzugerechnet, z. B. Entgelt für einen Standardbrief + Entgelt für Einschreiben.

Zu 2. Bei Infopost müssen bestimmte Mindestmengen gleichzeitig eingeliefert werden. Siehe dazu die Information auf der nächsten Seite.

Zu 3. STAMPIT ist die PC-Frankiersoftware der Deutschen Post. Damit können Sendungen direkt aus dem Computer frankiert werden.

Zu 5. Auf Briefsendungen an Briefabholer wird das Postfach des Empfängers angegeben, um eine schnelle und richtige Verteilung der Sendungen am Bestimmungsort zu gewährleisten. Postfachnummern schreibt man – von rechts beginnend – in Zweiergruppen gegliedert (siehe DIN 5008). Die unterschiedlichen Postleitzahlen für Postfach-Adresse und Zustell-Adresse sind zu berücksichtigen. Nur bestimme kleinere Orte haben lediglich eine Postleitzahl für Abholung und Zustellung.

Infopost

Als Infopost können schriftliche Mitteilungen oder Unterlagen unter bestimmten Bedingungen preisgünstiger als normale Briefpost versandt werden. Entgeltermäßigungen auf die Infopost-Grundentgelte hängen ab von der Einlieferungsmenge und der Eigenleistung des Absenders. D. h. je höher die Einlieferungsmenge und je genauer die Vorsortierung, umso größer sind die gewährten Ermäßigungen.

Bei der Sortierung der Massensendungen sind **Leitregionen** maßgebend, die durch die ersten beiden Stellen der Postleitzahl dargestellt werden.

Eine der folgenden **Mindestmengen** muss gleichzeitig eingeliefert werden:

- **4.000 Sendungen** nach Postleitzahl in auf-/absteigender Reihenfolge geordnet oder
- **250 Sendungen** für **dieselbe Leitregion** (Übereinstimmung der ersten beiden Stellen der Postleitzahl) nach Postleitzahl in auf-/absteigender Reihenfolge geordnet oder
- **50 Sendungen** für den **Leitbereich** (Sequenz von Postleitzahlen) **der Einlieferungs-stelle** nach Postleitzahl in auf-/absteigender Reihenfolge geordnet.

Stand: November 2009

Fortsetzung auf der nächsten Seite

05.05

Zunehmend erfolgen Abrechnungen und Buchführungsarbeiten papierlos. Steuerprüfer der Finanzverwaltung im Außendienst haben ein Zugriffsrecht auf die elektronische Buchführung der Unternehmen. Dies betrifft alle steuerrelevanten Daten gem. § 147 Abs. 1 Abgabenordnung, d. h. in jedem Fall Finanzbuchhaltung, Anlagenbuchhaltung und Lohnbuchhaltung.

§ 147 Ordnungsvorschriften für die Aufbewahrung von Unterlagen

(1) Die folgenden Unterlagen sind geordnet aufzubewahren:

1. Bücher und Aufzeichnungen, Inventare, Jahresabschlüsse, Lageberichte, die Eröffnungsbilanz sowie die zu ihrem Verständnis erforderlichen Arbeitsanweisungen und sonstigen Organisationsunterlagen.
2. die empfangenen Handels- oder Geschäftsbriefe,
3. Wiedergaben der abgesandten Handels- oder Geschäftsbriefe,
4. Buchungsbelege,
5. sonstige Unterlagen, soweit sie für die Besteuerung von Bedeutung sind.

(2) Mit Ausnahme der Jahresabschlüsse und der Eröffnungsbilanz können die in Absatz 1 aufgeführten Unterlagen auch als Wiedergabe auf einem Bildträger oder auf anderen Datenträgern aufbewahrt werden, wenn dies den Grundsätzen ordnungsgemäßer Buchführung entspricht und sichergestellt ist, dass die Wiedergabe oder die Daten

1. mit den empfangenen Handels- oder Geschäftsbriefen und den Buchungsbelegen bildlich und mit den anderen Unterlagen inhaltlich übereinstimmen, wenn sie lesbar gemacht werden,
2. während der Dauer der Aufbewahrungsfrist jederzeit verfügbar sind, unverzüglich lesbar gemacht und maschinell ausgewertet werden können. ...

(5) Wer aufzubewahrende Unterlagen in der Form einer Wiedergabe auf einem Bildträger oder auf anderen Datenträgern vorlegt, ist verpflichtet, auf seine Kosten diejenigen Hilfsmittel zur Verfügung zustellen, die erforderlich sind, um die Unterlagen lesbar zu machen, auf Verlangen der Finanzbehörde hat er auf seine Kosten die Unterlagen unverzüglich ganz oder teilweise auszudrucken oder ohne Hilfsmittel lesbare Reproduktionen beizubringen.

(6) Sind die Unterlagen nach Absatz 1 mit Hilfe eines Datenverarbeitungssystems erstellt worden, hat die Finanzbehörde einer Außenprüfung das Recht, Einsicht in die gespeicherten Daten zu nehmen und das Datenverarbeitungssystem zur Prüfung dieser Unterlagen zu nutzen. Sie kann im Rahmen einer Außenprüfung auch verlangen, dass die Daten nach ihren Vorgaben maschinell ausgewertet oder ihr die gespeicherten Unterlagen und Aufzeichnungen auf einem maschinell verwertbaren Datenträger zur Verfügung gestellt werden. Die Kosten trägt der Steuerpflichtige.

Abgabenordnung (AO) – Auszug –

Daraus ergibt sich, dass Aussage **3** der Aufgabe 05.05 nicht richtig ist. Die Jahresabschlüsse und die Eröffnungsbilanz müssen in Papierform aufbewahrt werden, eine Aufbewahrung auf anderen Datenträgern reicht nicht aus. 3

Siehe oben § 147 Ordnungsvorschriften für die Aufbewahrung von Unterlagen:
(2) Mit **Ausnahme der Jahresabschlüsse und der Eröffnungsbilanz ...**

Die Aussagen **1**, **2**, **4** und **5** der Aufgabe sind richtig.

05.06

Nach §§ 257 – 261 HGB gelten folgende **Aufbewahrungsfristen:**

Handelsbriefe	6 Jahre
Geschäftsbücher, Inventare und Bilanzen	10 Jahre
Nach § 147 Abgabenordnung (AO) müssen außerdem	
Buchungsbelege	10 Jahre
aufbewahrt werden.	

Ergänzend zu diesen gesetzlichen Vorschriften muss ein Teil des Schriftgutes aus betrieblichen Erfordernissen gespeichert werden.

Dabei sind zu unterscheiden:

- Belege mit **Tageswert** (z. B. unverlangte Angebote, für die kein Interesse besteht) – ohne betriebliche Aufbewahrungsfrist
- Belege mit **Prüfwert** (z. B. Produktinformationen von Lieferern von zeitlich begrenzter Gültigkeit und potenziellem Interesse) – Aufbewahrungsfrist individuell geregelt (z. B. von 1 Monat bis 3 Jahre oder aber generell Aufbewahrung solange bis eine neue Information die alte ersetzt)
- Belege mit **Dauerwert** (z. B. Lizenzen und Patente, Forschungsunterlagen) – unbeschränkte Aufbewahrungsfrist

Für die Lösung der Aufgabe 05.06 ergibt sich daher:

a) Unverlangtes Angebot, ohne nachfolgende Bestellung: **ohne betriebliche Aufbewahrungsfrist.**	1
b) Inventar: **10 Jahre** Aufbewahrungsfrist	5
c) Lieferergutschrift: Ein Buchungsbeleg, also **10 Jahre** Aufbewahrungsfrist	5
d) Ein Handelsbrief, also **6 Jahre** Aufbewahrungsfrist.	4

05.07

Siehe hierzu auch die Erläuterungen zur Aufgabe 05.05 (Änderungen der Abgabenordnung § 147 und der Grundsätze zum Datenzugriff und zur Prüfbarkeit digitaler Unterlagen – GDPdU). 2 5

Danach sind die Aussagen **2** und **5** der Aufgabe 05.07 richtig.

Zu 2. Jedes Unternehmen, das Buchhaltungssoftware einsetzt, muss die Daten der Buchführung digital speichern. Die Finanzbehörde hat das Recht, Einsicht in die gespeicherten Daten zu nehmen und das Datenverarbeitungssystem zur Prüfung der Daten zu nutzen.

Zu 5. Seit dem 1. Januar 2002 müssen die per Computer erstellten Kundenrechnungen und auch geschäftlich relevante E-Mails auf Datenträgern gespeichert werden, die keine Veränderung mehr zulassen. Auch hier gilt: Sind Daten mithilfe der EDV erstellt worden, hat die Finanzbehörde im Rahmen der Außenprüfung das Recht, Einsicht in die gespeicherten Daten zu nehmen.

Zu 1. Aus den obigen Ausführungen ergibt sich, dass Aussage **1** falsch ist.

Zu 3. Diese Aussage ist falsch; der Steuerprüfer hat das Recht, Zugriff auf die steuerlich relevanten Daten zu nehmen.

Zu 4. Diese Aussage ist falsch; von dem Recht auf Datenzugriff durch den Steuerprüfer sind alle steuerlich relevanten Daten betroffen, nicht nur die Ausgangsrechnungen.

05.08

Alphanumerisch abgelegtes Schriftgut ist nach Schriftzeichenfolgen (z. B. eines Namens) – d. h. nach den **ABC-Regeln** – und einer **laufenden Nummer** geordnet. Dieses Ordnungssystem richtet sich also sowohl nach dem Alphabet als auch einer numerischen Reihenfolge. 5

Schriftgut kann
- alphabetisch
- mnemotechnisch
- numerisch
- alphanumerisch
- chronologisch

geordnet sein.

Bei der **alphabetischen** Ablage garantiert die Anwendung der „ABC-Regeln" nach DIN 5007 („Ordnen von Schriftzeichenfolgen") eine einheitliche Ablage. (Siehe Kennziffer **3** der Aufgabe)

Die **mnemotechnische** Ordnung ist eine Ablage nach Kennbuchstaben, die dem Inhalt des Schriftgutes entsprechen, z. B. ER = Eingangsrechnung, Z = Zeichnung, PB = Prüfbericht. (Siehe Kennziffer **4** der Aufgabe)

Die **numerische** Ordnung gewinnt durch die Datenverarbeitung immer mehr an Bedeutung. Bei diesem Ordnungssystem nach laufenden Nummern wird dem Schriftstück ein sofort auffindbarer Platz zugewiesen. Durch die Unterteilung im dekadischen System (Zehnernummerierung) wird jeder Zahl eine bestimmte Aussage zugeordnet (6.3.4 = Hauptgruppe 6, Gruppe 6.3, Untergruppe 6.3.4). (Siehe Kennziffer **2** der Aufgabe)

Bei der **alphanumerischen** Ordnung (s. o.) – einer Mischung aus alphabetischer Ordnung und Zahlensystem – entsprechen die Buchstaben den Hauptgruppen, die Zahlen den Gruppen und Untergruppen. (Siehe Kennziffer **5** der Aufgabe)

Das **chronologische** Ordnungssystem speichert das Schriftgut in zeitlicher Reihenfolge (nach Datum). Die kaufmännische Form der Ablage heftet das jüngste Schriftstück jeweils auf die älteren, die Behördenablage heftet das jüngste Schriftstück unter die älteren. (Siehe Kennziffer **1** der Aufgabe)

Die Kennziffern **6** bis **8** der Aufgabe stellen Kombinationen aus den Ordnungssystemen der Kennziffern **1** bis **5** dar.

05.09

Zur Organisation der Schriftgutverwaltung gehört als grundlegende Entscheidung die Wahl des Standortes. Wichtig sind dabei die Fragen:

- wird das Schriftgut noch für die Bearbeitung eines laufenden Vorganges benötigt?
- wie viele Mitarbeiter müssen Zugriff zu einem bestimmten Vorgang haben?
- wie sind die räumlichen Verhältnisse (Betriebsgröße)?

Schriftgut muss zeitsparend und sicher wieder gefunden werden können. Man unterscheidet zwischen einer zentralen und dezentralen Form der Aufbewahrung. An den Beispielen der Aufgabe 05.09 wird deutlich, welche Form der Aufbewahrung in bestimmten Fällen am geeignetsten ist.

a) Dokumente zur Firmengeschichte werden selten gebraucht. Sie sind aber von dauerhaftem Wert und werden deshalb diebstahl- und feuersicher im **Archiv** (ggf. einem Tresor) aufbewahrt. 5

b) Rechnungskopien der abgelaufenen Geschäftsperiode werden zu Kontrollzwecken (Finanzbehörde) bis zum Ablauf der gesetzlichen Aufbewahrungsfristen in der **Altablage** aufbewahrt. Die Altablage kann sich in der Zentralregistratur oder in besonderen Räumen befinden. 4

c) Schriftgut, das von mehreren Sachbearbeitern einer Gruppe benötigt wird, wird in einem zentralen Raum der betreffenden **Abteilung** abgelegt. 2

d) Bei einem aktuellen Vorgang bleibt das Schriftgut während der Bearbeitung am **Arbeitsplatz** des Sachbearbeiters. 1

e) Wenn mehrere Abteilungen Zugriff zu bestimmtem Schriftgut haben müssen, wird es in der **Zentralregistratur** aufbewahrt. 3

05.10

Dokumentenmanagement-Systeme (DMS) dienen dazu, umfangreiche Informationsmengen zu digitalisieren und anschließend in Netzen zu verwalten. Sie können ins Intranet integriert werden.

Spezielle Programme (Textretrieval-Produkte) helfen dem Anwender bei der Suche nach Dokumenten und Informationen in unternehmensweiten Netzen. Informations-Recherchen können durch Suchmaschinen gestartet und die Ergebnisse direkt an den Anwender übermittelt werden. Der Zugriff auf gesuchte Daten ist dadurch schnell und zuverlässig.

Die Aussagen **1**, **2**, **3** und **5** treffen auf Dokumentenmanagement-Systeme zu.

Aussage **4** ist nicht zutreffend. Ein professionell geführtes Dokumentenmanagement-System beachtet streng die Gebote der Datensicherheit und des Datenschutzes.

Das elektronische Archiv lässt sich leicht gegen Zerstörung sichern, indem z. B. auf Streamern eine Sicherungskopie angelegt wird. Gegen unbefugten Zugriff und Fälschung der Daten werden die Maßnahmen der Datensicherung angewandt, wie z. B. Passwörter, Verschlüsselungstechniken.

Verschiedene Verfahren der Nutzer-Indentifikation (z. B. durch Chipkarten) werden technisch immer sicherer. In Zukunft wird die Stimm- und Spracherkennung eine bedeutende Rolle spielen. 4

06.01

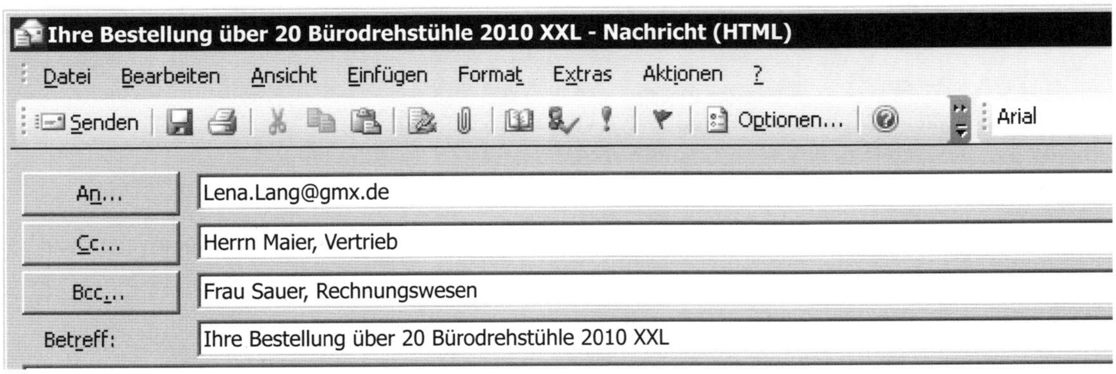

Aussage **3** ist **nicht** zutreffend. 3

Cc. ist die Abkürzung von engl. carbon copy = Kopie. In einer E-Mail erscheint hier die E-Mail-Adresse des Empfängers bzw. der Empfängerin, an den/die eine Kopie der E-Mail gehen soll.

Der Hauptempfänger der E-Mail kann unter dem Vermerk „Cc" sehen, wer noch informiert wurde. Die Angabe ist also für Frau Lena Lang sichtbar.

Zu 1. Diese Aussage ist richtig.

Die E-Mail-Adresse ist die Adresse des Rechners für das Versenden von Nachrichten (E-Mail, Electronic Mail) über lokale oder globale Netze. In dem Beispiel (siehe Abbildung) handelt es sich um eine E-Mail-Adresse im Internet, die sich wie folgt zusammensetzt:

Lena.Lang	**@gmx**	**.de**
Name des „Users"	Name des Providers	Domäne/Land: hier: Deutschland

Einige Root-Domains und ihre Bedeutung

Root-Domain	Bedeutung
.de	Domain in Deutschland
.org	Domain einer Organsation
.edu	Domain im Bildungsbereich
.uk	Domain in Großbritannien
.cn	Domain in China
.com	Domain eines kommerziellen Anbieters (commercial)

Zu 2. Diese Aussage ist richtig.

Bcc ist die Abkürzung von engl.blind carbon copy = Blindkopie. Die E-Mail-Adressen, die hier eingefügt werden, kann der Hauptempfänger der E-Mail nicht lesen, daher „Blindkopie".

Fortsetzung auf der nächsten Seite

06.01

Fortsetzung

Zu 4. Richtig – E-Mails von Unternehmen, die im Handelsregister eingetragen sind, müssen immer folgende Angaben in der Signatur enthalten:
- die Firma mit Rechtsform
- Ort der Handelsniederlassung
- das zuständige Registergericht
- die Handelsregisternummer

Bei bestimmten Gesellschaftsformen sind weitere Angaben erforderlich (wie bei den Geschäftspapieren):

- z. B. GmbH: Nennung aller Geschäftsführer mit Familiennamen und mindestens einem Vornamen.
  Bei einer GmbH mit Aufsichtsrat muss auch der Vorsitzende des Aufsichtsrats genannt werden.
- AG: neben den Vorständen ist auch der Vorsitzende des Aufsichtsrats zu nennen.

Regelung im Gesetz über elektronische Handelsregister- und Genossenschaftsregister sowie das Unternehmensregister (EHUG).

Beispiel einer E-Mail-Signatur:

Mit freundlichen Grüßen

Birte Butt BA
Leitung Personalabteilung

Richard Klomer KG
Rosengasse 11
69120 Heidelberg

Postfach 1010
69002 Heidelberg

E-Mail: Birte.Butt@klomer.de
Homepage: www.klomer.heidelberg.de

Telefon: 06221 8636-0 (Durchwahl: -31)
Fax: 06221 863852

Amtsgericht Heidelberg HRA 8566

Zu 5. Richtig. Wichtige bzw. vertrauliche Mitteilungen sollten aus Gründen der Datensicherheit durch eine digitale Signatur oder andere Verschlüsselungsverfahren vor unberechtigtem Zugriff geschützt werden. So kann gleichzeitig die Nachweisbarkeit der Identität des Kommunikationspartners sichergestellt werden.

Um verschlüsselte E-Mails zu verschicken, wird auf dem Computer eine gültige digitale ID benötigt. Damit können Nachrichten digital signiert werden. Diese digitale ID kann von einer externen Zertifizierungsstelle (für Internet-E-Mail) oder vom Exchange Server-Administrator angefordert werden.

06.02

Die Lösung unter der Kennziffer **4** ist richtig, vgl. unten stehende Buchstabiertafel.

Es gibt eine Buchstabiertafel für das Inland und eine für das Ausland. Nur durch ständiges Anwenden dieser Buchstabiertafel prägen sich Wörter ein. Sie sollten daher an Ihrem Arbeitsplatz diese Buchstabiertafel stets in Sichtweite haben, damit Sie einen Blick darauf werfen können, wenn Sie Namen oder Begriffe buchstabieren müssen. Anwendungsbereiche sind vor allem Telefongespräche und das Fonodiktat. 4

Postalische Buchstabiertafel, ergänzt durch ß

Inland	A = Anton	G = Gustav	O = Otto	T = Theodor
	Ä = Ärger	H = Heinrich	Ö = Ökonom	U = Ulrich
	B = Berta	I = Ida	P = Paula	Ü = Übermut
	C = Cäsar	J = Julius	Q = Quelle	V = Viktor
	Ch = Charlotte	K = Kaufmann	R = Richard	W = Wilhelm
	D = Dora	L = Ludwig	S = Samuel	X = Xanthippe
	E = Emil	M = Martha	Sch = Schule	Y = Ypsilon
	F = Friedrich	N = Nordpol	ß = Eszett	Z = Zacharias
Ausland	A = Amsterdam	H = Havanna	O = Oslo	V = Valencia
	B = Baltimore	I = Italia	P = Paris	W = Washington
	C = Casablanca	J = Jerusalem	Q = Québec	X = Xanthippe
	D = Dänemark	K = Kilogramme	R = Roma	Y = Yokohama
	E = Edison	L = Liverpool	S = Santiago	Z = Zürich
	F = Florida	M = Madagaskar	T = Tripoli	
	G = Gallipoli	N = New York	U = Upsala	

06.03

Die gesuchte falsche Feststellung betrifft Ziffer **2**:

Bei der Digital Subscriber Line (DSL) erfolgt die Datenübertragung über die herkömmliche Kupferleitung des Telefonnetzes.

Alle anderen Feststellungen sind richtig. 2

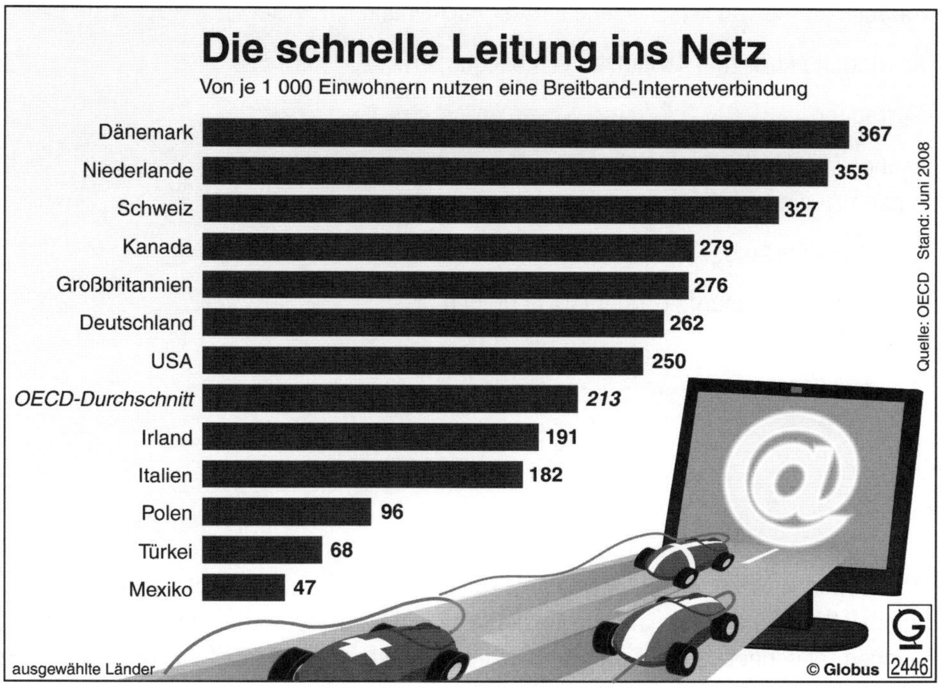

06.04

a) Diese Aussage trifft sowohl auf das Internet als auch auf das Intranet zu. 3

b) Diese Aussage trifft auf das Internet zu. Internet-Provider stellen gegen eine Gebühr einen Zugang zum Internet zur Verfügung. Provider in Deutschland sind z. B. T-Online und AOL. 1

c) Diese Aussage trifft auf das Internet zu. 1

d) Hier handelt es sich um ein Intranet. Intranets sind private Netzwerke, die auf der Technologie des Internets basieren, aber nur eine begrenzte Ausdehnung haben, z. B. eine Organisation. Sie sind nur geschlossenen Nutzergruppen zugänglich. Intranets werden immer mehr zur Datenübertragung innerhalb von Unternehmen eingesetzt. Zum Schutz vor unbefugten Zugriffen von außen dienen Firewalls, das sind besondere Hardware- und Software-Einrichtungen, die jeden unberechtigten Zugriff auf das Intranet abwehren. 2

e) E-Mails können sowohl im Internet als auch im Intranet verschickt werden. 3

f) Diese Aussage trifft auf das Intranet zu, siehe Erläuterung zu d). Nationale und internationale private Computernetze mit geschlossenen Nutzergruppen werden als Extranet bezeichnet. 2

06.05

Telefax ist ein Fernkopiersystem, mit dem jeder nach einheitlichen Übertragungsnormen Abbildungen von Vorlagen übertragen kann. Die Vorlagen werden auf oder in den Vorlagenwechsler des Telefax-Gerätes gelegt. Anschließend wird die Telefax-Nummer des Empfängers gewählt und die Sendetaste gedrückt.

Faxgeräte bieten je nach Bauart noch vielfältige Funktionen, wie z. B.

- Speichern: die empfangenen Nachrichten können dann entweder sofort oder erst später übertragen werden,
- Rundsenden: Vorlagen können an verschiedene Partner nacheinander übertragen werden
- zeitversetzte Übertragung (z. B. zum Ausnutzen von Billigtarifen)
- vertrauliche Übertragung
- Sammelübertragung: Faxmitteilungen an einen Empfänger können den ganzen Tag über gesammelt und dann zu einem festgelegten Zeitpunkt abgeschickt werden.

Die Aussagen **1**, **2**, **4** und **5** der Aufgabe sind richtig.

Die Übertragung kann über das Telefonnetz oder ISDN erfolgen.
Aussage **3** ist somit **nicht** richtig. 3

06.06

a) Der **DECT**-Standard ist eine Norm, die europaweit für schnurlose Telefone gilt (Digital European Cordless Telecommunications). Dieser Standard definiert die digitale Qualität der Übertragung. DECT hat Zugang zum öffentlichen analogen Telefonnetz, dem ISDN und dem europaweiten GSM-Mobilfunknetz (Global System for Mobile Communication). 3

b) Hier ist „**Call-by-Call**" beschrieben. 1

c) **Call-Center** sind zu einer wichtigen Einrichtung der zentralen Kundenbetreuung geworden. Sie ersparen dem Anrufer lange Warteschleifen, der Kunde erreicht dagegen schnell und zuverlässig einen kompetenten Ansprechpartner. Dies wird erreicht durch professionelle Telefoniearbeitsplätze und mit einer Organisation, die eine zügige Durchschaltung von Anrufen zum Ziel hat. Dazu sind eine entsprechende Technik (effiziente Anrufweiterschaltung) sowie geschultes Personal nötig. Durch die Verbindung von Telefon und Computer können die Daten des Anrufers aus einer Kundendatenbank während des Telefongesprächs abgerufen werden.
Die Aussagen c) und e) treffen auf das Call-Center zu. 4

d) Hier wird „**Preselection**" beschrieben. 2

e) **Call-Center**, siehe Erläuterung zu c). 4

f) **Least Cost Router:** Eine Hardware- oder Software-Einrichtung, die bei jeder Einwahl automatisch den preiswertesten Telefonanbieter auswählt. Softwarelösungen sind besonders für Internet-Telefonie geeignet. 5

06.07

Auch über das Internet ist mobiles Telefonieren möglich. Als **V**oice **o**ver **WLAN** (**VoWLAN**) bezeichnet man diese Form der Mobilfunk-Kommunikation. Die Sprachdaten werden hierbei in kleinen Paketen durch das Internet transportiert (wie bei Voice over IP über Festnetz-Zugang). Im Unterschied zum Festnetzzugang erfolgt der Zugang zum Internet hier aber per Funkverbindung über das drahtlose Funknetz (Wireless Lan, WLAN).

Zugangsmöglichkeiten gibt es überall dort, wo ein WLAN vorhanden ist: zu Hause, im Unternehmen oder über öffentliche Hotspots. Hotspots findet man z. B. auf Bahnhöfen und Flughäfen.

Aussage **2** ist somit **nicht** richtig. 2

Zu 1. Diese Aussage ist richtig. Die Funktion Handy-TV gehört zu den Diensten, die UMTS für den Anwender attraktiv machen sollen.

Zu 3. Jede Basisstation hat mehrere Antennen, die rundum oder in bestimmten Richtungen senden und empfangen. Das Mobilfunkgespräch geht auf dem Funkweg zur nächsten Basisstation und durch das Kabelnetz des Mobilfunkanbieters bis zu einer Vermittlungsstelle, die mit den Netzen eines Festnetzbetreibers verbunden ist. Die Handys haben also keinen direkten Funkkontakt. Auch wenn zwei Mobiltelefone nur wenige Meter voneinander entfernt sind, läuft das Gespräch über eine Basisstation und das Netzwerk des Mobilfunkanbieters.

Zu 4. und

Zu 5. Auf der Mobilfunkkarte (SIM-Karte) sind alle benutzerrelevanten Daten gespeichert. SIM bedeutet „Subscriber Identification Module", also „Teilnehmer-Identifikations-Modul". Außer der Rufnummer ist u. a. auch eine Geheimnummer gespeichert, durch die das Mobiltelefon automatisch erkennt, welches Mobilfunknetz „zuständig" ist. Es kann auch das persönliche Telefonbuch des Benutzers auf dieser Karte gespeichert sein.

06.08

a) **PDF.** Portable Document Format (PDF) bezeichnet ein Dateiformat für Dokumente, das unabhängig auf allen Plattformen (Windows, MAC, Linus) genutzt werden kann. Wenn ein Dokument als PDF übermittelt wird, dann ist sichergestellt, dass die Dokumente unabhängig vom Betriebssystem und Druckertreiber formatgerecht ausgedruckt werden können. 7

b) **Hyperlink** (auch: Link) ist eine Verknüpfung, mit der sich Stellen einer Webseite mit anderen HTML-Seiten verbinden lassen. Durch Anklicken des Links ist es möglich, innerhalb der verknüpften Dokumente zu verschiedenen Textstellen zu springen. 4

c) **HTML. H**ypertext **M**arkup **L**anguage ist die international standardisierte Auszeichnungssprache für Webseiten. Mit HTML wird das Layout definiert sowie die verwendeten Schriftarten und Farben, außerdem werden damit die Multimedia-Elemente (Grafiken etc.) in die Webseite eingebunden. 2

d) **HTTP. H**ypertext **T**ransfer **P**rotocol bezeichnet das Verfahren, das die Übertragung von HTML-Dateien im Web ermöglicht. Adressen (URLs) im World Wide Web beginnen mit http:// 5

e) **FTP.** File Transfer Protocol bezeichnet ein Dateiübertragungsverfahren im Internet. 1

f) **FAQ.** Das ist die Abkürzung für **F**requently **A**sked **Q**uestions, d. h. häufig gestellte Fragen. So lautet der Begriff, unter dem Ersteller von Webseiten Fragen zu bestimmten Themen sammeln und darauf eine Antwort bereitstellen. 6

g) Die **IP-Adresse** dienst dazu, jeden im Internet angeschlossenen Rechner eindeutig zu indentifizieren. Die Zahlenkolonne besteht aus vier Gruppen, die durch Punkte gegliedert werden. Finden Sie die IP-Adresse Ihres Rechners im Internet als Beispiel! 3

06.09

Der Vordruck für den Geschäftsbrief, DIN 676, zz. gültige Ausgabe Mai 1995, sieht verschiedene Varianten vor. Wichtig ist die Unterscheidung in Form A und Form B.
Die Höhe des Briefkopfes beträgt bei Form A 27 mm, bei Form B 45 mm. Der Briefkopf bei Form A ist also schmaler.

Die Aussage **2** der Aufgabe 06.09 ist daher **nicht** richtig. 2

Alle anderen Aussagen sind richtig.

Das Anschriftfeld ist 40 mm hoch und 85 mm breit.
Nach DIN 5008:2005 sieht die Aufteilung der Aufschrift dann wie folgt aus:

Anschriftfeld, Höhe 40 mm

1 Zusätze und Vermerke (Vorausverfügungen,
2 Produkte, elektronische Freimachungsver-
3 merke)

Zusatz- und Vermerkzone (12,7 mm)

1 Anschrift
2
3 [Aufschrift = Zusätze und Vermerke +
4 Anschrift]
5
6

Anschriftzone (27,3 mm)

Anschriftfeld, Breite 85 mm

06.10

Die Schreibweise von Kalenderdaten ist in DIN 5008 unter den Abschnitten 9.4.1 und 9.4.2 geregelt. Danach ist sowohl eine **numerische** als auch eine **alphanumerische** Schreibweise von Daten zulässig. Die Reihenfolge des numerisch geschriebenen Datums lautet:
Jahr-Monat-Tag. Die Angaben werden mit Mittestrich gegliedert. Tag und Monat werden zweistellig angegeben.

Folgende Schreibweisen des in der Aufgabe angegebenen Datums sind nach DIN 5008 möglich:

Numerische Schreibweise	Alphanumerische Schreibweise
2010-01-02	2. Januar 2010
10-01-02	2. Jan. 2010

Sofern keine Missverständnisse entstehen, darf auch die Schreibung in der Reihenfolge Tag, Monat, Jahr – gegliedert mit dem Punkt – verwendet werden: 02.01.2010 oder 02.01.10 sind also auch richtig.

Die unter **3** in der Aufgabe angegebene Schreibweise ist demnach falsch. 3

06.11

a) Die Schreibweisen unter **2.** und **5.** sind **nicht** normgerecht. 2

Zu 2. Es muss richtig heißen: EUR 3,70 5
Die Währungsbezeichnung nach ISO 4217 ist in Großbuchstaben (Versalien) zu schreiben.

Zu 5. Es muss richtig heißen: 2,00 EUR
Der Betrag und die Währungsbezeichnung werden nach DIN 5008 durch einen Leerschritt getrennt.

Alle anderen Schreibweisen sind korrekt. Nach DIN 5008 können die Währungsbezeichnungen sowohl **vor** als auch **hinter** dem Betrag stehen. In einem **fortlaufenden Text** sollten sie allerdings hinter dem Betrag stehen.

b) **Folgende Zuordnungen sind richtig:**

a) ¥	→	JPY – japanischer Yen	3
b) £	→	GBP – Pfund Sterling, Great Britain Pound	2
c) $	→	USD – Amerikanischer Dollar, US-Dollar	5
d) $A, AU $	→	AUD – Australischer Dollar	4
e) sfr	→	CHF – Schweizer Franken	1

06.12

Die Aufschriftseite einer Standardbriefsendung ist in vier Zonen gegliedert:

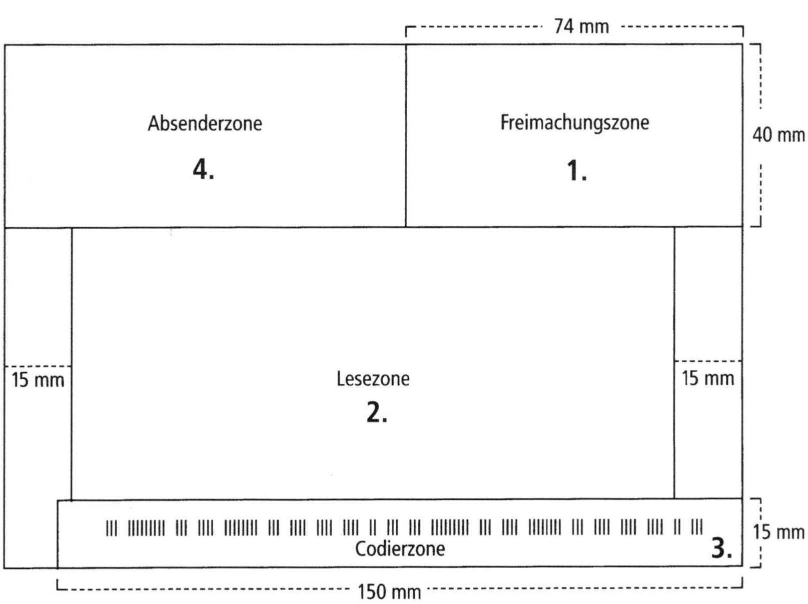

a) 2
b) 3
c) 4
d) 1

Lesezone, Codierzone, Absenderzone und Freimachungszone. Die richtige Zuordnung zeigt die folgende Abbildung:

Die Lese- und Codierzone müssen weiß oder in einfarbigen Pastelltönen gehalten sein, sonst ist eine Maschinenlesbarkeit nicht gewährleistet.

Zu weiteren Anforderungen an die Maschinenfähigkeit vgl. Informationsbroschüren der Deutschen Post AG.

06.13

Die Schreibweisen unter **1** und **6** entsprechen nicht DIN 5008. 1

Zu 1. Es muss hier heißen: 8 Uhr oder 8:00 Uhr. Siehe dazu DIN 5008, Abschnitt 9.5 Uhrzeiten.

Zu 6. Es muss hier heißen: Frankfurter Damm 1 a 6
Die in der Aufgabe verwendete Schreibweise ist falsch, da zwischen „1 a" ein Leerzeichen stehen muss.

Alle anderen verwendeten Schreibweisen in der Aufgabe sind nach DIN 5008 richtig.

Zu 2. 04:30:24 Uhr
Bei Angaben der Uhrzeit in Stunden, Minuten und Sekunden ist jede Einheit zweistellig anzugeben und mit dem Doppelpunkt zu gliedern.

Zu 3. 1.245,30 €
(vgl. DIN 5008, Abschnitt 9.2 „Gliederung von Zahlen")
Zahlen mit mehr als drei Stellen werden durch je ein Leerzeichen in dreistellige Gruppen gegliedert. Aus Sicherheitsgründen sollten Geldbeträge mit dem Punkt gegliedert werden.

Zu 4. Siehe zu 3. Da es sich hier nicht um einen Geldbetrag handelt, wird mit dem Leerschritt gegliedert.

Zu 5. Kantstr. 11 – 13
Auch richtig: Kantstr. 11/13
(vgl. DIN 5008, Abschnitt 9.3 „Hausnummern")

06.14

Zur Lösung der Aufgabe 06.14 vgl. DIN 5008, Schreib- und Gestaltungsregeln für die Textverarbeitung, Auflage 2005, Anhang A, Besondere Zahlengliederungen.

Danach entspricht die Zahlengliederung für die Postfachnummer, Kennziffer **5.**, **nicht** der DIN 5008. 5

Postfachnummern werden von rechts beginnend zweistellig gegliedert, d. h. die in der Aufgabe angegebene Postfachnummer muss wie folgt geschrieben werden:

30 34 03

Alle anderen angegebenen Zahlengliederungen entsprechen der DIN 5008.

06.15

Aussagen **2** und **5** sind falsch.

Zu 2. Die Norm DIN 676, Geschäftsbrief, Einzelvordrucke und Endlosvordrucke, gibt Hilfe zur Gestaltung von Vordrucken für Geschäftsbriefe, nicht zur Formulierung des Briefinhalts. 2

Zu 5. Diese Norm gilt für das Beschriften durch Textverarbeitungssysteme und Schreibmaschinen. 5

Alle anderen Aussagen sind richtig.

Zu 1. Die Norm gilt sowohl für Einzelvordrucke als auch für Endlosvordrucke. Bei Einzelvordrucken ist das Format A4 (210 x 297 mm) zu verwenden. Wird das Format 2/3 A4 eingesetzt, kann die Norm entsprechend angewendet werden, indem der Vordruck A4 (Form A) zu Grunde gelegt wird; die Schreibfläche verkürzt sich dabei.

Zu 3. Die allgemeine Anwendung dieser Norm im Geschäftsleben soll zur Erleichterung des Schriftverkehrs führen (Rationalisierungseffekt).

Zu 4. Die DIN 676 enthält z. B. Hinweise zur Anordnung der Felder für Kommunikationsangaben.

06.16

Die richtige Reihenfolge lautet:

1. Vorstellen des Diktierenden (natürlich nur notwendig, wenn mehrere Diktierende mit dem Schreibenden zusammenarbeiten), Hinweis auf beigefügte Unterlagen, die zur Erstellung des Schreibens benötigt werden
2. Erläuterungen zur Art des zu verwendenden Vordrucks bzw. Dokumentvorlage, z. B. Geschäftsbrief A4 mit Firmenbriefkopf oder Briefblatt ohne Aufdruck
3. Diktieren der Anschrift des Empfängers. Oft geht die Anschrift des Empfängers aus einem beigefügten Vorgang hervor. In diesem Fall wird auf die Anschrift verwiesen.
4. Ansage der Bezugszeichenzeile. Die Bezugszeichenzeile ist ein sehr wichtiger Bestandteil des Geschäftsbriefes und erspart u. U. lange Einleitungssätze!
5. Betreff
6. Anrede
7. Text
8. Gruß
9. Anlagenvermerk
10. Verteilvermerk
11. Anzahl der Kopien (Als Durchschläge noch mit der Schreibmaschine erzeugt wurden, musste die Zahl der gewünschten Durchschläge natürlich zu Beginn des Fonodiktates angegeben werden.)

a)	6
b)	11
c)	9
d)	5
e)	4
f)	8
g)	3
h)	2
i)	7
j)	10
k)	1

Wenn eine besondere Versendungsform des Schreibens gewünscht wird, z. B. „Eigenhändig", dann muss dieser Hinweis **vor** der Anschrift des Empfängers diktiert werden.

Voraussetzung für einen rationellen Einsatz des Fonodiktates ist, dass der Diktierende und der Schreibende die „Schreib- und Gestaltungsregeln für die Textverarbeitung", DIN 5008, beherrschen sowie die „Diktierregeln", DIN 5009.

06.17

Die Aussage **4.** ist **nicht** richtig. 4

„Open Office" ist kein Betriebssystem, sondern ein Office-Paket mit Anwendungsprogrammen, das ohne Lizenzgebühren angeboten wird. Es läuft auf unterschiedlichen Betriebssystemen.

Alle anderen Aussagen treffen auf das Betriebssystem zu.

Das Betriebssystem überwacht und steuert alle Prozesse, die im Rechner ablaufen. Ohne das Betriebssystem funktionieren weder Hardware-Komponenten noch Anwendungssoftware.

Beispiele:

- Prozessorverwaltung
- Speicherverwaltung
- Geräteverwaltung (Steuerung der Ein- und Ausgaben)
- Datenverwaltung
- Netzwerkdienste

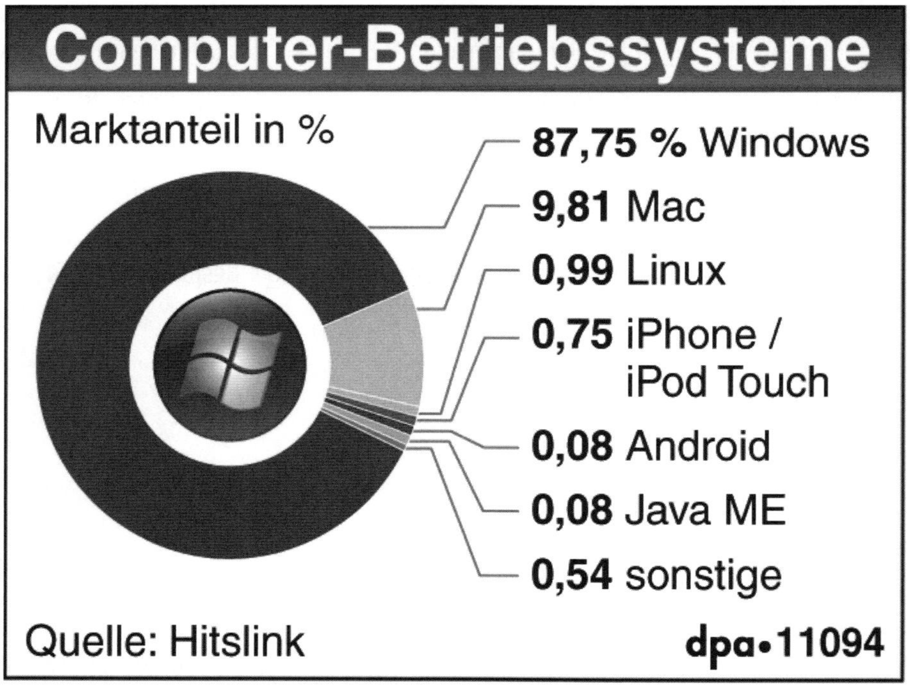

06.18

Die Aussagen **3** und **4** sind **falsch**.

Zu 3. Scanner gehören zu den Eingabegeräten. Sie dienen dazu, Bilder oder Texte in den Computer einzulesen, 3
indem sie die Punkte in digitale Informationen umwandeln.

Zu 4. Magnetbänder haben eine wesentlich längere Zugriffszeit als Festplatten. Heute verwendet man Magnet-
bänder noch in Streamer-Kassetten. Magnetbandlaufwerke (Streamer) werden – neben externen 4
Festplatten – zur Datensicherung eingesetzt.

Alle anderen Aussagen sind **richtig**.

Zu 1. Die Funktion AutoKorrektur berichtigt vorher als Fehler hinterlegte Eingaben bereits während der Texterfassung (z. B. zwei Großbuchstaben am Wortanfang). Diese Funktion ändert die Eingabe, sobald die Leertaste oder die Enter-Taste nach einer bestimmten, vorher als falsch definierten Eingabe, betätigt wird.

Zu 2. Bestimmte Textteile können als Textbausteine abgespeichert und später in Dokumente eingefügt werden (Abb. s.u.).

Zu 5. Das **Hauptdokument** eines Serienbriefes (Standardtext, Basisbrief) wird als Serientextdatei angelegt; darin werden „Platzhalter" für die variabel einzufügenden Angaben vorgesehen.

Eine **Datenquelle** enthält die Einträge, die an die Stelle der „Platzhalter" gesetzt werden (die Seriendruckfelder).

Beispiel für die Funktion AutoText (MS WORD 2003)

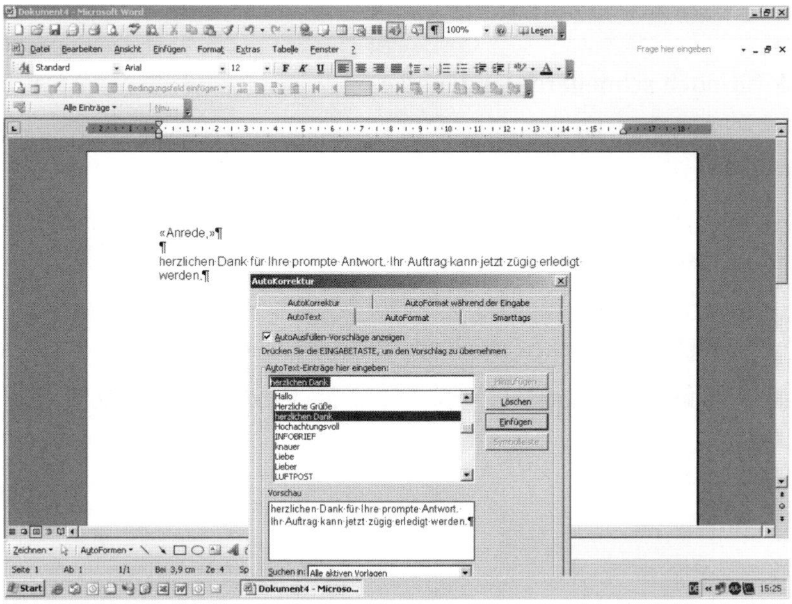

06.19

Die Datenübertragung ins Internet kann auf verschiedene Weise erfolgen:

- UMTS (ab 2010 auch LTE: siehe dazu unten stehende Information)
- GPRS-Technik (als Mobilfunkstandard für Handys bekannt)
- WLAN-Funknetze

Aussage **1** der Aufgabe 06.19 ist also **nicht** richtig. 1

Zu 2. Diese Aussage ist richtig. Inzwischen werden Geräte mit mehreren Prozessorkernen auf einem Chip angeboten (Dual Core, Quad-Core), was zu einer höheren Rechnerleistung führen kann (andere technische Faktoren, wie z. B. das Betriebssystem, kommen als Einflussfaktoren allerdings noch hinzu).

Zu 3. Auf eine ergonomische Ausstattung sollte bei einem Notebook besonders geachtet werden. Auch hier hat es in den letzten Jahren technologische Verbesserungen gegeben. Einige ergonomisch wünschenswerte Ausstattungsmerkmale werden in Aussage **3** der Aufgabe genannt. Den Arbeitsplatz-Computer (Desktop-Version) im Büro zu ersetzen, ist allerdings nicht Aufgabe von Notebooks. Für den Einsatz im Büro bietet sich aber die Möglichkeit, Notebooks an Tastatur und Bildschirm des Arbeitsplatzcomputers anzuschließen.

Zu 4. Diese Aussage ist richtig. Die Blu-ray Disc weist eine deutlich höhere Bildqualität auf als die DVD, eine größere Speicherkapazität und schnellere Datenrate.

Zu 5. Die Aussage ist richtig. Netbooks sind kleiner als die üblichen Notebooks und dienen vor allem als Internet-Zugang. Auf ein DVD-Laufwerk wird bei diesen Geräten verzichtet. Sie sind preisgünstiger als die größeren Notebooks mit standardmäßiger Ausstattung.

LTE –Mobilfunk für noch schnellere Handynetze

Mehr Spaß beim mobilen Surfen, bei Spielen und bei Kommunikation zu jeder Zeit: Das verspricht LTE, der neue Mobilfunkstandard.

LTE (Long Term Evolution) wird ab 2010 UMTS ablösen. Mobilfunknetze können dann fünf- bis zehnmal so schnell werden wie bisher!

Das bietet neue Anwendungsmöglichkeiten, z. B. hochauflösende Videoübertragungen, Multiplayer-Online-Spiele und schnellere Downloads großer Dateien.

Ein Durchbruch im Mobilfunkbereich wird für viele Anwendungen offenbar möglich!

06.20

Die Maßnahmen **1** und **4** dienen dem Datenschutz.

Datenschutz bezieht sich vor allem auf den Schutz von Personen vor Beeinträchtigungen, die durch Missbrauch von Daten entstehen können. Gesetzliche Grundlage bildet das Bundesdatenschutzgesetz.

Als **Datensicherung** bezeichnet man Maßnahmen, die dazu dienen, Daten und Programme vor Zerstörung und Fehlfunktionen der Datenverarbeitungsanlage zu schützen sowie vor Schäden durch unberechtigten Zugriff oder Bedienungsfehler.

Zu 1. Das Bundesdatenschutzgesetz dient dem Schutz personenbezogener Daten vor Missbrauch. Es handelt sich um eine Maßnahme zum Datenschutz. 1

Zu 4. Personen, die bei nicht-öffentlichen Stellen in der Datenverarbeitung personenbezogene Daten verarbeiten, sind bei Aufnahme ihrer Tätigkeit auf das Datengeheimnis zu verpflichten. Das Datengeheimnis besteht auch nach Beendigung ihrer Tätigkeit fort. Die Verpflichtung zur Wahrung des Datengeheimnisses besagt, dass es untersagt ist, personenbezogene Daten unbefugt zu verarbeiten oder zu nutzen. Dies dient dem Datenschutz. 4

Die Maßnahmen **2** und **3**, die in der Aufgabe genannt sind, dienen der Datensicherung.

Zu 2. Das Erstellen einer Sicherungskopie ist ein wichtiges Verfahren zur Datensicherung. Dabei werden in bestimmten Zeitabständen, z. B. täglich, alle bearbeiteten Daten kopiert. Zur Datensicherung werden oft Kassetten mit einem Magnetband (Streamer) verwendet.

Zu 3. Ein Virenschutzprogramm (Virenscanner) ist ein Programm, mit dem Computerviren entdeckt werden. Computerviren sind kleine Programme, die ihren Code anderen Programmen und Dateien hinzufügen und sich verbreiten und so Daten zerstören. Mit Virenschutzprogrammen können Computerviren entdeckt und gelöscht werden. Virenscanner müssen regelmäßig aktualisiert werden (dazu dienen Updates), da ständig neue Computerviren entwickelt werden, die der Virenscanner in der Lage sein muss aufzuspüren. Dies gehört zu den Sicherungsmaßnahmen der Software im Sinne der Datensicherung.

Zu 5. Als „Firewall" bezeichnet man einen oder eine Anordnung von Rechnern, die zwischen Netzwerke geschaltet sind. Diese Rechner dienen dazu, den gesamten kommenden und ausgehenden Datenverkehr zu sperren. Spezielle Softwaremodule werden eingesetzt, um nur erwünschte Verbindungen freizuschalten. Alle nicht freigeschalteten Verbindungen bleiben blockiert.

Auszug aus dem Bundesdatenschutzgesetz (BDSG)

§ 1 Zweck und Anwendungsbereich des Gesetzes. (1) Zweck dieses Gesetzes ist es, den einzelnen davor zu schützen, dass er durch den Umgang mit seinen personenbezogenen Daten in seinem Persönlichkeitsrecht beeinträchtigt wird.

(2) Dieses Gesetz gilt für die Erhebung, Verarbeitung und Nutzung personenbezogener Daten durch

1. öffentliche Stellen des Bundes,
2. öffentliche Stellen der Länder, soweit der Datenschutz nicht durch Landesgesetz geregelt ist und soweit sie
   a) Bundesrecht ausführen oder
   b) als Organe der Rechtspflege tätig werden und es sich nicht um Verwaltungsangelegenheiten handelt,
3. nicht-öffentliche Stellen, soweit sie die Daten unter Einsatz von Datenverarbeitungsanlagen verarbeiten, nutzen oder dafür erheben oder die Daten in oder aus nicht automatisierten Dateien verarbeiten, nutzen oder dafür erheben, es sei denn, die Erhebung, Verarbeitung oder Nutzung der Daten erfolgt ausschließlich für persönliche oder familiäre Tätigkeiten.

06.21

Werbewirksam gestaltete Briefe, die individuell wirken sollen, werden als Serienbrief mit einem Computer geschrieben. Name und Anschrift des Empfängers, namentliche Anrede und Erwähnung des Namens des Empfängers als Variable im Brieftext können dabei automatisch eingefügt werden.

Eine gute Schriftqualität wird mit einem Laserdrucker erreicht.

Zur Erstellung von 600 Werbebriefen werden die Adressen aus einem Datenbanksystem eingefügt. Die Serienbriefe werden mit einem Textverarbeitungsprogramm mit Serienbrieffunktion erstellt.

Die Hard- und Softwareeinrichtungen unter **2.**, **3.** und **4.** der Aufgabe 06.21 sind also geeignet zur Erstellung der Werbebriefe.

Gefragt wurde in der Aufgabe 06.21, welche der genannten Einrichtungen **nicht** geeignet sind.

Die zutreffenden Lösungen sind **1.** und **5.** 1 5

Zu 1. Bei Verwendung eines Arbeitsplatz-Kopierers (kein Multifunktionsgerät) muss zunächst eine Vorlage vorhanden sein, die kopiert werden soll. Diese Vorlage könnte mit einem Computer erstellt werden. Aber allein durch Kopieren können die variablen Einfügungen (Adressen, Anrede u. dgl.) nicht individuell eingefügt werden. Dieses Gerät ist für den vorgesehenen Einsatzzweck nicht geeignet.

Wenn ein Kopierer allerdings gleichzeitig als Drucker (Peripheriegerät) verwendet werden kann, handelt es sich um ein Multifunktionsgerät, das zur Erstellung von Serienbriefen verwendet werden kann.

Zu 5. Telefax ist ein Fernkopiersystem. Es muss zunächst eine Vorlage erstellt werden, die als Fernkopie versendet werden soll. Diese Vorlage kann handschriftlich oder maschinenschriftlich bzw. mit Datenverarbeitungsanlagen erstellt werden. Eine automatische massenweise Versendung von Werbeschreiben mit Telefax ist kostengünstig möglich durch Ausnutzung der billigen Nacht- bzw. Feiertagstarife. Telefax wird daher oft für Werbemitteilungen eingesetzt (ähnlich wie Postwurfsendungen). Die Werbewirksamkeit, die in der Aufgabe gefordert wird, ist aber nur bedingt gegeben. Ähnlich wie Postwurfsendungen landen zuweilen auch Werbesendungen, die mit Telefax eingehen, im Papierkorb.

Der Einsatzbereich des Telefax hat seine Stärke auf vielen anderen Gebieten: Mitteilungen zu Geschäftsfällen, die schnell beantwortet werden sollen, z. B. Anfragen, Angebote, Bestellungen, Bestätigungen, Rückfragen. Diese Nachrichten können auch mit Zeichnungen versehen sein.

06.22

Korrekturzeichen dienen der Verständigung über endgültige Form und Inhalt eines Textes. Sie sind nach DIN 16 511 geregelt. Die einheitliche Anwendung stellt sicher, dass Missverständnisse bei der Texterfassung und -gestaltung vermieden werden.

Sowohl derjenige, der einen Text schreibt (im Fall der Aufgabe 06.22 also Karin Leitner) als auch derjenige, der den Text auf die endgültige Richtigkeit hin kontrolliert (hier: Karins Vorgesetzter) sollten daher mit den Regeln DIN 16 511 vertraut sein.

Die richtige Lösung lautet **3**.

3

Beispiel für die Anwendung von Korrekturzeichen:
Bildschirmarbeitsverordnung, 1996 (BildscharbV) – Auszug

Anhang

über an Bildschirmarbeitsplätze zu stellende Anforderungen
Bildschirmgerät und Tastatur

1. Die auf dem Bildschirm dargestellten ~~Wörter~~ müssen scharf, deutlich und ausreichent groß sein so wie einen angemessenen Zeichen- und Zeilenabstand haben. — Zeichen
2. Das auf dem Bildschirm dargestellte Bild muss stabiel und frei von Flimmern sein; es darf keine Verzerrungen aufweisen. 3. Die Helliggeit der Bildschirmanzeuge und der Kontrast zwischen Zeichen und Zeichenuntergund auf dem Bildschirm müssen einfach einstellbar und den Verhältnissen der Arbeitsumgebung angepasst werden können. — sein
4. Der Bildschirm muss
frei von störenden Reflexionen und Blendungen sein.

...

Erläuterungen zum Anwendungsbeispiel:

- Falsche Buchstaben oder Wörter werden durchgestrichen und am Papierrand durch die richtigen ersetzt.
- Ein Doppelbogen gibt an, dass ein Zwischenraum ganz wegfallen soll.
- Überflüssige Buchstaben oder Wörter werden durchgestrichen und am Papierrand durch das Zeichen (für „deleatur" = es werde getilgt) angezeichnet.
- Ein Absatz wird durch dieses Zeichen am Rand verlangt:
- Kommen in einer Zeile mehrere falsche Buchstaben vor, so erhalten sie ihrer Reihenfolge nach unterschiedliche Zeichen:
- Fehlende Buchstaben werden angezeichnet, indem der vorangehende oder der folgende Buchstabe durchgestrichen und am Rand mit dem fehlenden Buchstaben wiederholt wird. Es kann auch das ganze Wort oder die Silbe durchgestrichen und am Rand berichtigt werden: z. B. Zeichenunter~~gund~~...
- Fehlende Wörter sind in der Lücke durch Winkelzeichen anzumerken und am Rand anzugeben.
- Das Anhängen eines Absatzes (Tilgen eines Absatzzwischenraumes) wird durch eine verbindende Schleife angezeigt.

Beispiele (s.o.):

Zeichen

Weitere Zeichenfolge:

grund

sein

Weitere Korrekturzeichen vgl. Korrekturzeichen DIN 16 511.

06.23

Der Hauptspeicher (auch Zentralspeicher oder Arbeitsspeicher genannt) beinhaltet die Daten, die die CPU zur Verarbeitung benötigt.

Durch Cache-Speicher wird ein schnellerer Datenzugriff der CPU erreicht. Cache-Speicher dienen dazu, Daten aus dem Hauptspeicher, die die CPU häufig benötigt, zwischenzulagern, wodurch der Zugriff auf diese Daten beschleunigt wird.

Aussage **3** der Aufgabe ist also **nicht** richtig. 3

06.24

Die Aussagen **1** und **3** sind richtig. 1

Der Scanner gehört zu den Peripheriegeräten eines Computersystems, und zwar zu den Eingabegeräten. Er dient dazu, Bilder, Grafiken und Texte einzulesen. Dabei werden die optischen Zeichen der Vorlage (Lichtinformationen) abgetastet und davon ein digitales Abbild erstellt, das aus einzelnen Bildpunkten besteht. 3

Dieses digitalisierte Bild kann in bestimmten Formaten abgespeichert und in unterschiedlichen Dokumenten weiterverarbeitet und verändert werden. Zu einem Scanner gehört daher auch eine entsprechende leistungsfähige Software.

Die Auflösung wird über die Software eingestellt. Je höher die Auflösung, desto besser die Bildqualität. Die Auflösung wird in dpi (dots per inch) angegeben. Die Anforderung an die Höhe der Auflösung hängt davon ab, wofür die eingescannten Dokumente, Bilder etc. verwendet werden sollen.

Scanner bilden einen notwendigen Bestandteil bei Dokumenten-Management-Systemen.

Eine besondere Form von Scannern dient als Belegleser zur Erfassung von Barcodes, Markierungen, Magnetschriften und Klarschriften. Diese haben z. B. auf Verpackungen im Einzelhandel und bei Logistikunternehmen eine große Bedeutung.

Die Aussagen **2**, **4** und **5** treffen nicht zu.

Mobiles CASIO Handheld-Terminal DT-750 mit integriertem Laserscanner

Dieses Gerät ist sehr nützlich zum Erfassen von Daten vor Ort durch einen Scanner oder über Tasten. Einsatzmöglichkeiten bieten sich z. B. im Beschaffungswesen, bei der Wareneingangskontrolle, Auftragsdatenerfassung, Lagerbestandsführung, Regaldatenerfassung usw.

07

Statistik

08

Kaufmännische Steuerung und Kontrolle

07.01

Stammdaten bleiben einen längeren Zeitraum hindurch bestehen (z. B. Name und Anschrift des Lieferers). 4

Zu 1. **Bewegungsdaten** sind Daten, die einer laufenden Veränderung unterliegen (z. B. Zu-/Abgänge auf einer Lagerkarte).

Zu 2. Daten, die nach dem Zeitablauf geordnet sind, nennt man **chronologische Daten.**

Zu 3. **Alphanumerische Daten** ergeben sich aus der alphabetischen und numerischen Ordnung.

Zu 5. **Erläuterungsdaten:** Dieser Begriff ist erfunden; alle Daten erläutern einen Sachverhalt.

07.02

Die Warenbeschaffung sollte sich an der optimalen Bestellmenge orientieren. Der **Meldebestand** (Bestand, bei dem der Lagerverwalter die Einkaufsabteilung informieren muss) hängt vom durchschnittlichen Lagerverbrauch, der Lieferzeit und einem betriebsindividuell angesetzten Mindestbestand ab, der nur mit Genehmigung der Geschäftsleitung unterschritten werden darf. 5

Meldebestand = (durchschnittlicher Tagesverbrauch x Lieferzeit) + Mindestbestand

Die Kennziffern **1** bis **4** sind für die Warenbeschaffung ohne Bedeutung.

Rechenmaschine „Triumphator"
hergestellt zwischen ca. 1955 - 1965,
VEB Triumphator-Werk Wölkau bei Leipzig

07.03

a) Das **Kreisdiagramm** stellt Anteile von Teilmengen an einer Gesamtmenge anschaulich dar. 3

b) Das **Kurvendiagramm** ermöglicht ein sofortiges Erkennen von Entwicklungen (Trends). 1

c) In der **Tabelle** werden Daten nach besonderen Merkmalen in Spalten und Zeilen gegliedert dargestellt (z. B. listenförmige Gegenüberstellung von Daten bestimmter Zeiträume). 2

Beispiele:

a) Kreisdiagramm

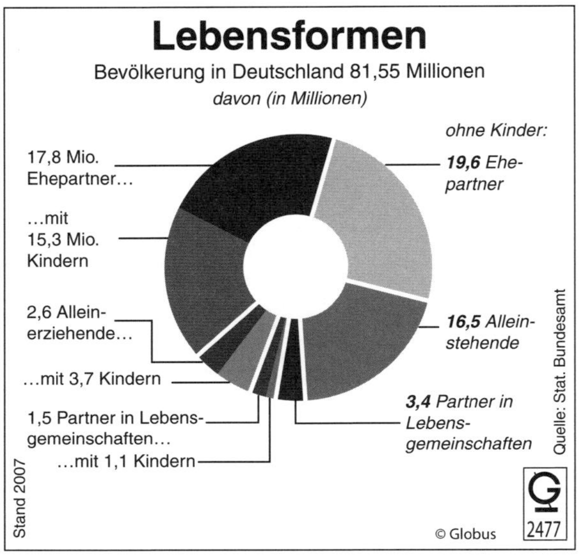

b) Kurvendiagramm

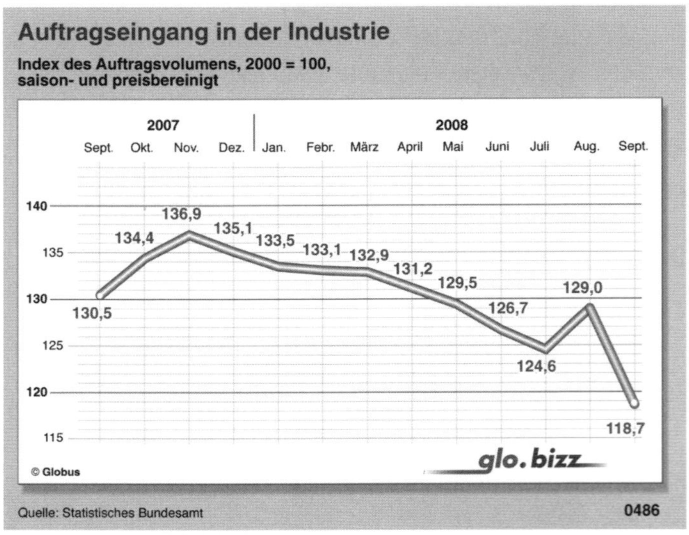

c) Tabelle

Umsatzstatistik

Produktgruppe: Bodenstaubsauger „Rasant"

Verkaufte Stückzahl im 1. Halbjahr 20..

Produktausführung	Januar	Februar	März	April	Mai	Juni	Verkauf 1. Halbjahr	Verkaufspreis pro Stück Euro	Umsatz 1. Halbjahr Euro	Anteil am Umsatz 1. Halbjahr %
Standard	130	146	139	150	126	117	808	90,00	72.720,00	33,72
Luxus	95	105	118	105	97	89	609	115,00	70.035,00	32,47
Super GL	79	78	74	98	89	85	503	145,00	72.935,00	33,81
Gesamt	304	329	331	353	312	291	1.920		215.690,00	100,00

07.04

Bei dieser Aufgabenstellung entscheiden wir uns für das **Säulendiagramm**, weil durch verschieden hohe nebeneinanderstehende Säulen die differenzierte Umsatzentwicklung auf einen Blick erkannt werden kann. 2

Datum: 20..-02-02

Umsätze im Vergleichzeitraum 2008 – 2009 Filiale B

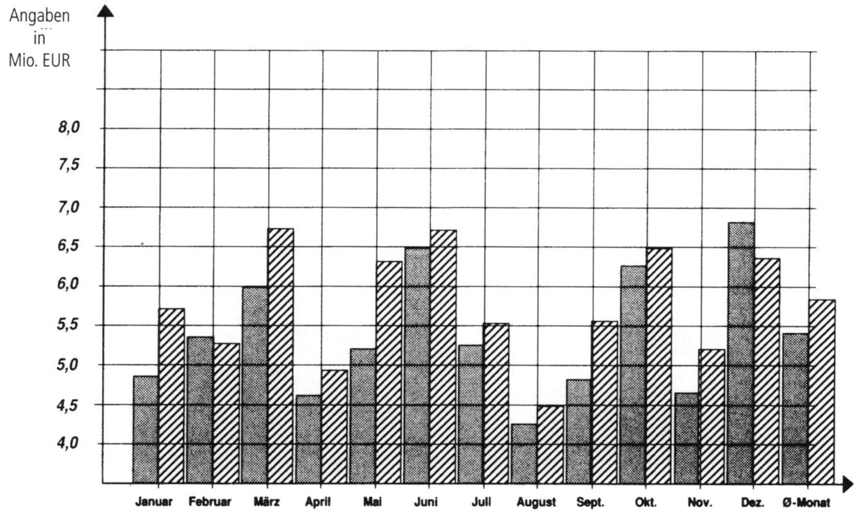

Umsätze in 2008
Umsätze in 2009

Mit diesem Diagramm können Sie Wirtschafts- und Unternehmensdaten über das gesamte Jahr hinweg darstellen. An der x-Achse des Diagramms sind die zwölf Monate, einschließlich dem „Durchschnitts-Monatswert", dargestellt. Verschiedene Rubriken lassen sich an der y-Achse darstellen: Preise, Stückzahlen, Maß- und Mengeneinheiten. Die darzustellenden Werte sind durch das „Gittermuster" einfach zu positionieren.

Das Diagramm dient z. B. zur Veranschaulichung von Tabellenwerten, für Personalstatistiken, Abrechnungen, Soll-Ist-Vergleichen, betrieblichen Kennzahlen, Umsatz- und Gewinnerwartungen, Kursentwicklungen und Monatsvergleichen (z. B. aktueller Monat im Vergleich mit Vorjahresmonat).

Zu 1., **3.** und **4.** siehe Lösung 07.03.

Zu 5. Histogramm

Grafische Darstellung der Häufigkeit von Nennwerten. Die Werte werden nicht durch die Höhe der Balken (wie beim Säulendiagramm), sondern durch die Fläche der Balken dargestellt.

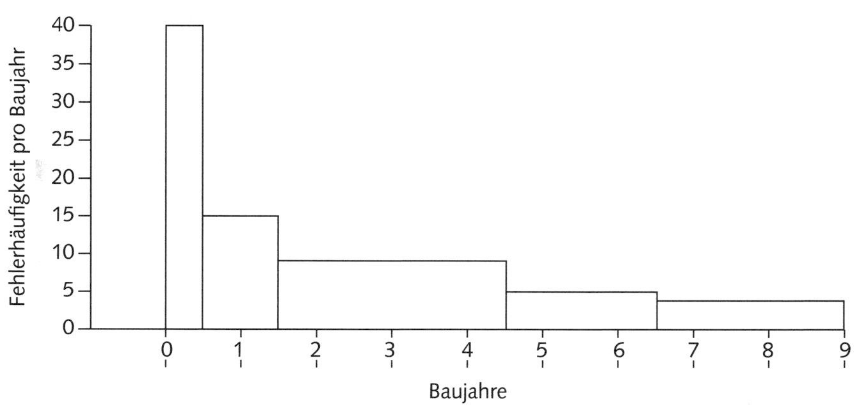

07.05

Es ist wichtig, die Situation des eigenen Unternehmens mit der anderer Wettbewerbsunternehmen vergleichen zu können (Unternehmensvergleich) oder auch die Tätigkeiten des eigenen Unternehmens in aufeinander folgenden Geschäftsperioden gegenüberzustellen (Zeitvergleich).
Hierzu ermittelt man **Verhältniszahlen**, die sich in Gliederungszahlen, Beziehungszahlen und Messzahlen unterscheiden.

Messzahlen (Indexzahlen) veranschaulichen die Entwicklung einer Messgröße im Zeitverlauf, indem sie z.B. alle Jahreszahlen auf ein Basisjahr beziehen und dies auf 100 setzen. Wenn wir in dieser Aufgabe als Basisjahr 1991 aussuchen, dann bedeutet die Zeitungsnotiz, dass der Aluminiumpreis seit 1991 bis heute um 24 % gestiegen ist. 3
Bekannt ist vor allem der Preisindex der Lebenshaltungskosten, aus dem monatlich die Preissteigerungsrate errechnet wird (s.u.).

Zu 1. **Beziehungszahlen** beschreiben das Verhältnis verschiedener Größen zueinander in Prozent.

Zu 2. Eine **Gliederungszahl** gibt an, wie viel Prozent der Anteil einer Teilgröße an der Gesamtgröße beträgt.

Zu 4. Siehe Erläuterung zu **3**

Zu 5. **Durchschnittszahlen** sind Mittelwerte (durchschnittliche Größen) einer Zahlenreihe.

Beispiel für Indexzahlen

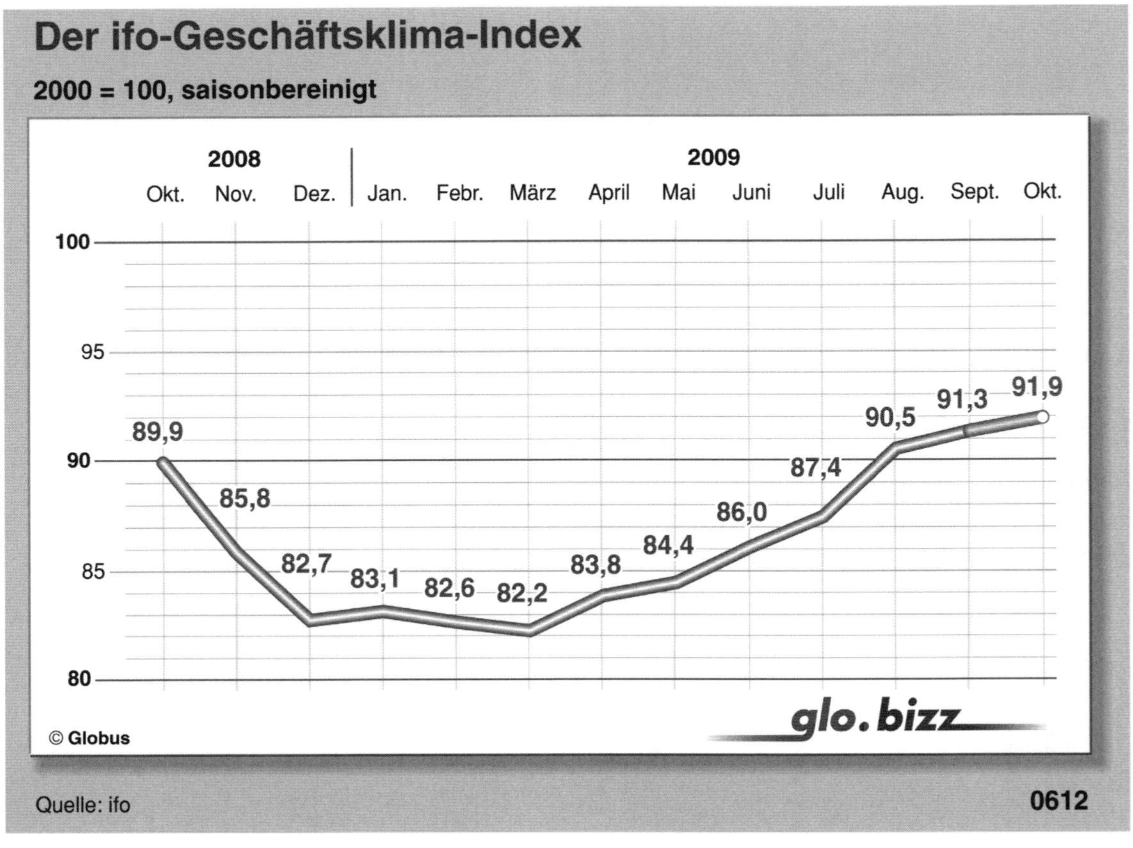

Entwicklung des ifo-Geschäftsklimaindex zwischen Oktober 2008 und Oktober 2009.

Die Feststellung **2** ist falsch.

Im Jahre 2003 ist das reale Bruttoinlandsprodukt gegenüber 2002 um 0,2 % gesunken. 2

Bruttoinlandsprodukt

Unter **‚Bruttoinlandsprodukt'** versteht man den Wert aller im Laufe einer Periode im Inland (= Inlandskonzept) erwirtschafteten Güter und Dienstleistungen gegen Entgelt. Unentgeltliche Leistungen, z. B. Hausarbeit und Kinderbetreuung ohne Bezahlung, werden bei der Berechnung des BIP nicht berücksichtigt, weil diese Leistungen statistisch kaum oder gar nicht zu erfassen sind.

Die Entwicklung der wirtschaftlichen Leistung (Wachstumsrate) wird immer an der Entwicklung des **realen** Bruttoinlandsproduktes gemessen (also nach Abrechnung des Preisanstiegs). Das reale Bruttoinlandsprodukt erhöhte sich im Jahr 2008 gegenüber 2007 um 1,3 %. Das nominale Bruttoinlandsprodukt ist im Jahr 2008 gegenüber 2007 um 2,7 % gestiegen.

Die **nominale** Bewertung kennzeichnet die Leistung in den Preisen des jeweiligen Jahres; die **reale** Bewertung in den Preisen eines bestimmten Basisjahres. Aus der Differenz lässt sich die Preisentwicklung erkennen.

Die Feststellungen 1, 3, 4 und 5 sind richtig.

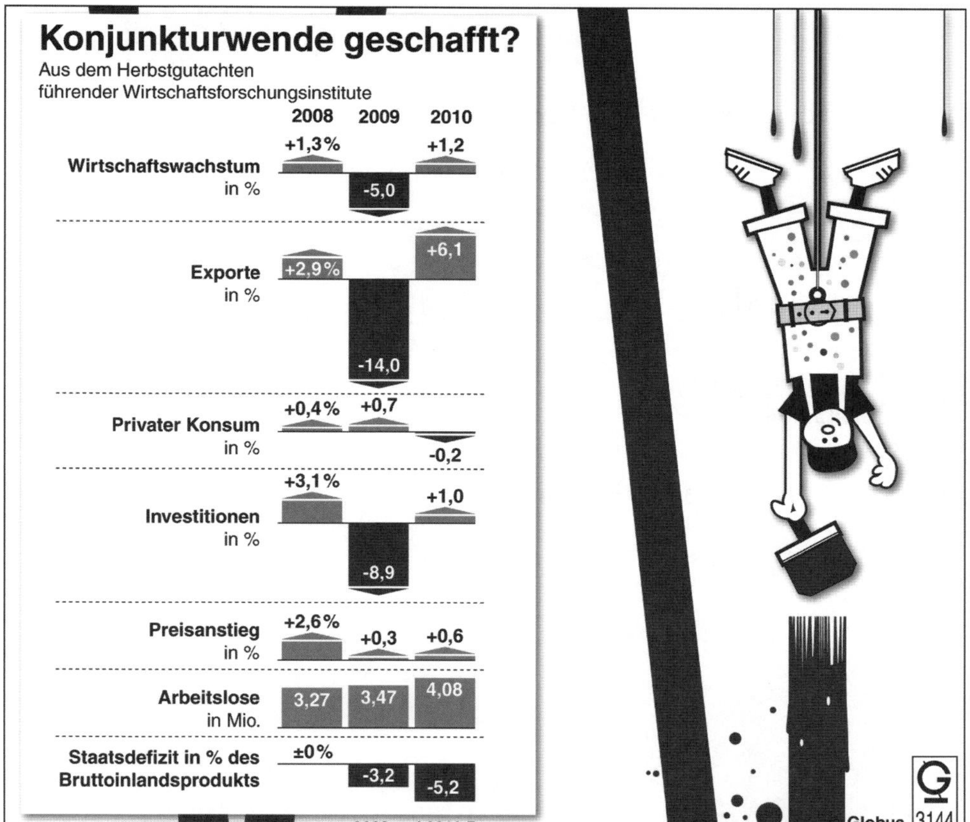

07.07

Die Wirtschaftlichkeit ist der Quotient aus Erlösen und Kosten.

$$\text{Wirtschaftlichkeit} = \frac{\text{Erlöse}}{\text{Kosten}}$$

Bei einer Wirtschaftlichkeit von 1 sind alle Kosten gedeckt: das Unternehmen befindet sich an der Gewinnschwelle. Jede zusätzliche Teilmenge bedeutet Gewinn.

Produkt A

Umsatzerlös = Absatzmenge · Preis pro Einheit

Umsatzerlös = 370.000 · 12,80 EUR
= 4.736.000 EUR

$$\text{Wirtschaftlichkeit} = \frac{4.736.000}{4.033.000} = 1{,}17$$

Das Unternehmen erzielt mit diesem Produkt 17 % Gewinn. 1,17

Produkt B

Umsatzerlös = 46.500 · 21,45 EUR
= 997.425 EUR

$$\text{Wirtschaftlichkeit} = \frac{997.425}{872.340} = 1{,}14$$

Das Unternehmen erzielt mit diesem Produkt 14 % Gewinn. 1,14

Produkt C

Umsatzerlös = 4.388.620 · 9,30 EUR
= 40.814.166 EUR

$$\text{Wirtschaftlichkeit} = \frac{40.814.166}{38.043.664} = 1{,}073$$

Das Unternehmen erzielt mit diesem Produkt 7,3 % Gewinn. 1,073

Kaufmännische Steuerung und Kontrolle

08.01

In das **Grundbuch** müssen auf Grund der Buchungsbelege alle Geschäftsfälle (von der Eröffnung über die laufenden Buchungen bis zum Abschluss) mit Tag, Buchungssatz, Belegangabe und Betrag in **zeitlicher Reihenfolge** (chronologisch) eingetragen werden. Dieses Buch bildet die Grundlage der gesamten Buchführung und wird deshalb auch Tagebuch oder Journal genannt. 1

Im **Hauptbuch** müssen die Buchungen **sachlich geordnet** werden, um den Stand des Vermögens und der Schulden zu erkennen. Die Konten, auf denen alle Geschäftsfälle gebucht werden, heißen deshalb Sachkonten; alle Sachkonten zusammen bilden das Hauptbuch.

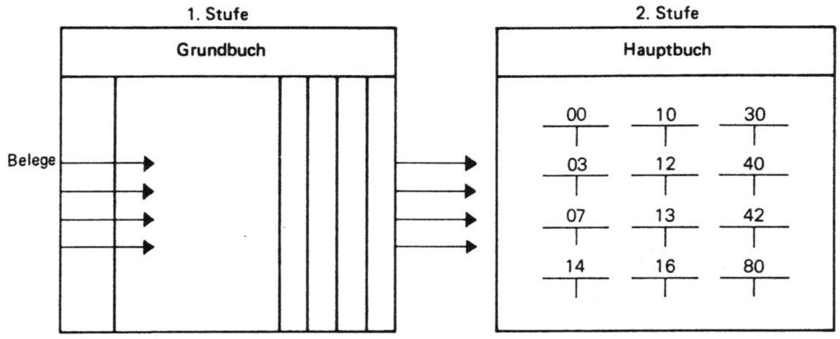

Buchungsbelege müssen 10 Jahre aufbewahrt werden, nach § 147 Abgabenordnung (AO).

Die Feststellungen 2 bis 5 sind nicht zutreffend.

08.02

Zur **Bestandsrechnung** zählen alle Veränderungen in den Vermögensbeständen (Aktivkonten) und in den Kapitalbeständen (Passivkonten).

Beim Vermögen unterscheidet man:
- Anlagevermögen (Sachanlagen, langfristige Finanzanlagen)
- Umlaufvermögen (Material, unfertige und fertige Erzeugnisse, Außenstände, Geldvermögen)

Beim Kapital unterscheidet man:
- Eigenkapital
- Fremdkapital (Darlehen, kurzfristige Verbindlichkeiten)

Zur **Ergebnisrechnung** gehören alle Aufwendungen und Erträge:
Aufwendungen < Erträge : Ergebnis = Gewinn
Aufwendungen > Erträge : Ergebnis = Verlust

Auf die Aufgabe 08.02 bezogen lautet die Lösung:

Zur Bestandsrechnung gehören folgende Konten:
1. Aktivkonten 1
4. Passivkonten 4
5. Schlussbilanzkonten 5

Zur Ergebnisrechnung gehören:
2. Aufwandskonten
3. G + V-Konto
6. Ertragskonten

08.03

a) **Inventar**
Das Inventar ist das ausführliche Bestandsverzeichnis, das alle Vermögensteile und Schulden nach Art, Menge und Wert ausweist. 4

b) **Inventur**
Die Inventur ist die mengen- und wertmäßige Bestandsaufnahme des Vermögens und der Schulden. 1

c) **Saldo**
Der Saldo ist der Unterschiedsbetrag zwischen Soll- und Habenspalte eines Kontos bei dessen Abschluss. 5

d) **Liquidität**
Als Liquidität bezeichnet man die Fähigkeit des Unternehmens, seinen fälligen Verpflichtungen jederzeit fristgerecht nachzukommen. 2

Zu 3. Investition:
Anschaffung/Kauf von Maschinen, maschinellen Anlagen und anderen technischen Hilfsmitteln zur Herstellung von Gütern und Dienstleistungen

Zu 6. Bilanz:
Gegenüberstellung von Vermögenswerten und Vermögensquellen eines Unternehmens.

Zu 7. Betriebsverzeichnis:
Verzeichnis aller Betriebe einer Branche oder einer Region.

Zu den Aufgaben des Lagerpersonals gehört die Lagerbuchhaltung: Ein- und ausgehende Ware wird kontrolliert und die Menge erfasst. Damit das Lagergut jederzeit auffindbar ist, muss der Lagerplatz festgehalten werden. Regelmäßige Inventuren stellen den aktuellen Lagerbestand fest. Um die Ware in einem einwandfreien Zustand zu erhalten, d.h. sie vor Schmutz, Verderb und Verfall zu schützen, gehört darüber hinaus auch die Warenpflege zu den Aufgaben des Lagerpersonals.

08.04

Auf **Bestandskonten** werden die Vermögensbestände (Aktivkonten) und die Kapitalbestände (Passivkonten) erfasst. **Ergebniskonten** enthalten Aufwendungen und Erträge.

Soll	**Aktivkonto**	Haben
Anfangsbestand Zugänge		Abgänge Schlussbestand

Soll	**Passivkonto**	Haben
Abgänge Schlussbestand		Anfangsbestand Zugänge

Soll	**Ergebniskonto**	Haben
Aufwand		Ertrag

Richtig sind folgende Feststellungen:

Zu 2. Auf Passivkonten werden der Anfangsbestand und Zugänge im Haben gebucht. 2

Zu 3. Auf Aktivkonten werden der Anfangsbestand und Zugänge im Soll gebucht. 3

Zu 7. Auf Passivkonten werden Abgänge und Schlussbestand im Soll gebucht. 7

Zu 8. Auf Ergebniskonten werden Aufwendungen im Soll und Erträge im Haben gebucht. 8

Zu 9. Aktiv- und Passivkonten werden über das Schlussbilanzkonto abgeschlossen. 9

Die übrigen Feststellungen sind falsch:

Zu 1. Falsch, weil der Schlussbestand nicht im Soll gebucht wird.

Zu 4. Falsch; die Seiten wurden vertauscht.

Zu 5. Siehe zu 4

Zu 6. Ergebniskonten werden über das G + V-Konto abgeschlossen.

Zu 10. Der Gewinn erscheint als Saldo auf der Sollseite.

08.05

Reihenfolge der Arbeitsschritte

1. Zunächst wird die Eröffnungsbilanz in Konten aufgelöst.
2. Dann werden die laufenden Geschäftsfälle gebucht.
3. Danach folgen die vorbereitenden Abschlussbuchungen.

Anschließend wird mit den Abschlussbuchungen begonnen:

4. Abschließen der Ergebniskonten über das G + V-Konto
5. Ermitteln des Ergebnisses auf dem G + V-Konto
6. Übertrag auf das Eigenkapitalkonto
7. Abschließen der Bestandskonten
8. Ermitteln der Summe von Aktiva und Passiva in der Schlussbilanz.

a)	5
b)	2
c)	1
d)	8
e)	3
f)	7
g)	6
h)	4

08.06

Ausgaben
Abgang von Geldvermögenswerten in Form von Verbindlichkeiten oder Zahlungsmitteln (Auszahlung)

Einnahmen
Zugang von Geldvermögenswerten in Form von Forderungen oder Zahlungsmitteln (Einzahlung)

Ausgaben und Einnahmen sind immer Buchungen auf Geldkonten

Aufwendungen
Bewerteter Werteverzehr während einer Abrechnungsperiode

Erträge
Bewerteter Wertezuwachs während einer Abrechnungsperiode

Aufwendungen und Erträge sind immer Buchungen auf Ergebniskonten und sind Begriffe der Geschäftsbuchführung (Rechnungskreis I)

a)	4
b)	6
c)	2

Kosten
Wertmäßiger Güter- und Dienstleistungsverzehr zur Erstellung betrieblicher Leistungen

Erlöse
Wert der verkauften Erzeugnisse (Umsatzerlöse)

Kosten und Erlöse werden im Rechnungskreis II erfasst und sind Begriffe der Kosten- und Leistungsrechnung

09

Auftrags- und Rechnungsbearbeitung

10

Lagerhaltung

Auftrags- und Rechnungsbearbeitung

09.01

Wenn die Bestellung in irgendeinem Punkt vom Angebot abweicht, ist die Bestellung des Kunden grundsätzlich ein neuer Antrag zum Abschluss eines Kaufvertrages. Die Annahme des Antrages durch den Lieferanten erfolgt

- stillschweigend durch Lieferung
- durch eine Auftragsbestätigung

Wenn in der Bestellung das Lieferdatum geändert wurde, wird in der Regel eine Auftragsbestätigung geschrieben. 5

In den Aussagen **1** bis **4** stimmt die Bestellung mit dem Angebot überein; sie gilt vertragsrechtlich als Annahme unseres Antrages (Angebotes): Ein Kaufvertrag ist zu Stande gekommen.

09.02

Reihenfolge der Arbeitsschritte

1. Zunächst muss die Anfrage geprüft werden.
2. Daraufhin wird ein Angebot ausgearbeitet und dem künftigen Kunden zugeschickt.
3. Die Bestellung des Kunden geht ein.
4. Die Bestellung des Kunden wird hinsichtlich der Übereinstimmung mit dem Angebot überprüft.
5. Der Auftrag wird bestätigt.
6. Die Ware wird im Lager zusammengestellt (kommissioniert).
7. Die Ware wird verpackt.
8. Die Ware wird dem Versand zugeleitet, der die entsprechenden Versandpapiere ausfertigt.

a)	7
b)	2
c)	5
d)	4
e)	3
f)	1
g)	6
h)	8

09.03

a) Richtige Antwort: **3** 3

Es handelt sich hier um einen Sachmangel gemäß § 434 BGB:

(1) Die Sache ist frei von Sachmängeln, wenn sie bei Gefahrübergang die vereinbarte Beschaffenheit hat. ...

Die Sache (der Bürodrehstuhl) hat in diesem Fall nicht die vereinbarte Beschaffenheit (Höhenverstellbarkeit).

Da es sich hier um einen Bürostuhl handelt, ist dieser selbstverständlich als höhenverstellbar angeboten worden (siehe Norm für Bürodrehstühle DIN 4551).

Bei einem Defekt eignet sich das Produkt nicht für die nach dem Vertrag vorausgesetzte Verwendung (vgl. § 434 Abs. 1 Satz 2 Nr. 2 BGB: „... und eine Beschaffenheit aufweist, die bei Sachen der gleichen Art üblich ist und die der Käufer nach der Art der Sache erwarten kann ..."

Zu 1. Falschlieferung: Falschlieferung wäre die Lieferung eines anderen Produktes als bestellt.

Zu 2. Mangelhafte Montageanleitung: Falls der Besteller nach Montageanleitung das Möbelstück selbst montieren muss und aufgrund einer falschen oder missverständlichen Anleitung ein Fehler entsteht, handelt es sich um einen Mangel aufgrund mangelhafter Montageanleitung („Ikea-Klausel").

Zu 4. Rechtsmangel: Ein Rechtsmangel liegt z. B. vor, wenn der Verkäufer nicht Eigentümer der verkauften Sache ist oder die Sache mit einem Pfandrecht belastet ist.

b) Die Pit Bauer KG kann Nacherfüllung verlangen.

§ 439 BGB

(1) Der Käufer kann als Nacherfüllung nach seiner Wahl die Beseitigung des Mangels oder die Lieferung einer mangelfreien Sache verlangen. ...

Danach hat die Pit Bauer KG also die Wahl zwischen Nachbesserung (Reparatur) oder Ersatzlieferung (Lieferung einer mangelfreien Sache).

Die Pit Bauer KG verlangt in diesem Fall die Lieferung einer mangelfreien Sache (Ersatzlieferung), da es sich um einen ganz erheblichen Sachmangel handelt.

Die richtige Lösung lautet **4**. 4

Zu 1. Minderung: Dies bedeutet Preisnachlass. Das kommt hier nicht in Frage, da der Bürodrehstuhl funktionsfähig sein muss. Außerdem muss der Käufer dem Verkäufer die Möglichkeit der Nacherfüllung geben, bevor er Minderung verlangen kann (siehe zu 3).

Zu 2. Nachbesserung: Siehe oben: Der technische Mangel ist so erheblich, dass eine Ersatzlieferung verlangt wird.

Zu 3. Schadensersatz statt der Leistung:

Der Käufer muss dem Verkäufer die Chance der Nacherfüllung geben. Er kann nicht unmittelbar zum Rücktritt oder Schadensersatz bzw. Rücktritt und Schadensersatz übergehen. Schadensersatz statt der Leistung ist an die erfolglose Nachfristsetzung zur Leistung bzw. Nacherfüllung geknüpft.

09.04

a) Mit dem **Dauerauftrag** weist der Auftraggeber sein Geldinstitut an, eine Überweisung (einen Auftrag) immer wieder zu einem festen Termin auszuführen. Daueraufträge werden immer dann eingerichtet, wenn Zahlungen regelmäßig, in gleicher Höhe, an den gleichen Empfänger zu leisten sind, z. B. Miete, Fernsehgebühren und dergleichen. 3

b) Die Kundin wird diesen Betrag mit der **Debit-Karte** (Maestro-Karte) in der Boutique bezahlen, in der Regel unter Eingabe der Geheimnummer (es gibt allerdings auch Verfahren, bei denen die Geheimnummer nicht eingegeben zu werden braucht). Ausgestattet mit Debit-Karte und PIN (Geheimzahl) kann man so bequem bargeldlos zahlen oder Bargeld an einem Geldautomaten abheben. 2

c) Das Lastschriftverfahren unterscheidet zwischen Abbuchungsauftragsverfahren und Einzugsermächtigungsverfahren.

Mit Erteilen einer **Einzugsermächtigung** wird der Zahlungsempfänger vom Zahlungspflichtigen ermächtigt, vom Konto des Zahlungspflichtigen Geldbeträge für bestimmte Forderungen (z. B. für eine Kfz-Versicherung, Vereinsbeiträge usw.) einzuziehen. Bei ungerechtfertigten Belastungen kann binnen 6 Wochen der Belastung widersprochen und die Wiedergutschrift des belasteten Betrags verlangt werden. 4

Beim **Abbuchungsauftragsverfahren** teilt der Zahlungspflichtige seinem Geldinstitut mit, dass Lastschriften (Belastungen) eines bestimmten Zahlungsempfängers bis zu einem festgesetzten Betrag abgebucht werden dürfen. Einer erfolgten Belastung kann in diesem Fall nicht widersprochen werden.

Im Gegensatz zum Dauerauftrag wird das Lastschriftverfahren angewendet, um Rechnungsbeträge zu begleichen, die in ihrer Höhe nicht gleich bleibend sind, sondern sich ändern (z. B. Strom-, Wasser- und Telefonrechnungen).

d) Hier handelt es sich um eine **Überweisung,** eine bargeldlose Zahlungsform, bei der Geldbeträge von einem Bankkonto auf ein anderes transferiert werden. Dies kann durch Ausstellen eines Formulars geschehen oder per Datenübertragung, indem der Zahlungsleistende den Überweisungsbetrag in ein entsprechendes Programm eingibt und „abschickt". 1

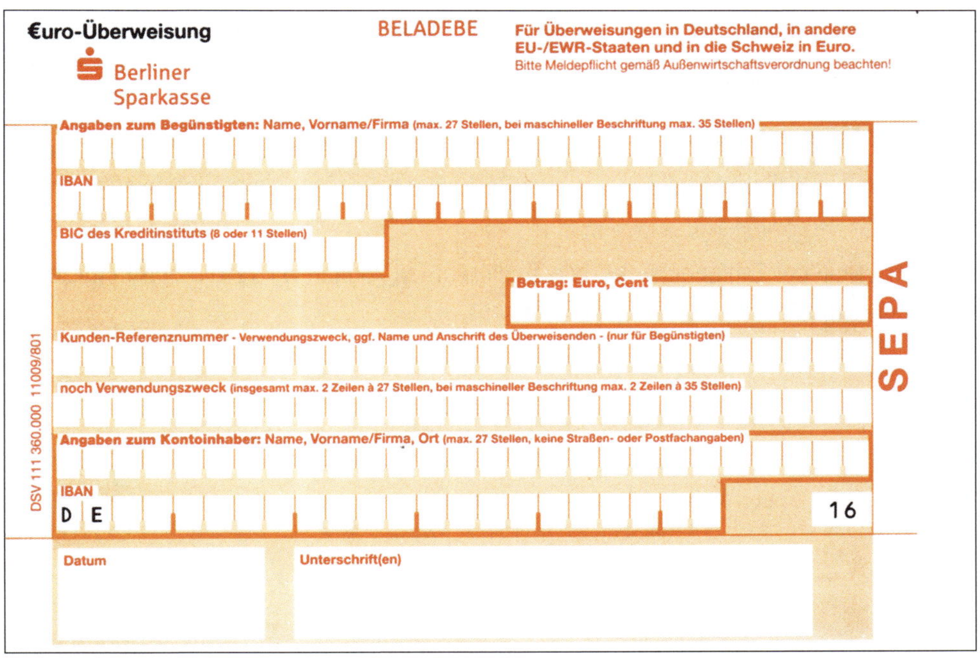

€uro-Überweisung

Berliner Sparkasse

BELADEBE

Für Überweisungen in Deutschland, in andere EU-/EWR-Staaten und in die Schweiz in Euro.
Bitte Meldepflicht gemäß Außenwirtschaftsverordnung beachten!

Angaben zum Begünstigten: Name, Vorname/Firma (max. 27 Stellen, bei maschineller Beschriftung max. 35 Stellen)

IBAN

BIC des Kreditinstituts (8 oder 11 Stellen)

Betrag: Euro, Cent

Kunden-Referenznummer - Verwendungszweck, ggf. Name und Anschrift des Überweisenden - (nur für Begünstigten)

noch Verwendungszweck (insgesamt max. 2 Zeilen à 27 Stellen, bei maschineller Beschriftung max. 2 Zeilen à 35 Stellen)

Angaben zum Kontoinhaber: Name, Vorname/Firma, Ort (max. 27 Stellen, keine Straßen- oder Postfachangaben)

IBAN

D E

16

Datum

Unterschrift(en)

SEPA

DSV 111 360.000 11009/801

09.05

Eine mit Scheck beglichene Schuld gilt in rechtlichem Sinne an dem Tage als gezahlt, an dem der Scheckbetrag vom Konto des Schuldners abgebucht wird. 2

Die Antworten **1**, **3**, **4** und **5** sind falsch.

09.06

Der richtige Buchungssatz lautet:

Büromaschinen, Organisationsmittel und Kommunikationsanlagen
und Vorsteuer

an Verbindlicheiten aus Lieferungen und Leistungen

Soll		Haben	
0860	2600		4400

09.07

Der richtige Buchungssatz lautet:

Verbindlichkeiten aus Lieferungen und Leistungen

an Guthaben bei Kreditinstituten (Bank)
Nachlässe für Rohstoffe

Soll		Haben	
4400		2800	6002

09.08

Zahlungsverzug (§ 286 BGB) tritt ein

- ab Fälligkeitstag, wenn der Zahlungstermin fest vereinbart war.
- nach Mahnung mit Fristsetzung, wenn der Zahlungstermin nicht fest vereinbart war.
- automatisch 30 Tage nach Fälligkeit und Zugang einer Rechnung bzw. einer gleichwertigen Zahlungsaufforderung. 3

Damit ist der Fälligkeitstermin der Zahlung der 18. Juli; ab diesem Tag können wir Verzugszinsen (gesetzliche Verzugszinsen 5 % über dem Basiszinssatz der EZB) verlangen.

09.09

Im Zuge der Schuldrechtsreform 2002 ist in § 195 BGB die Regelverjährungsfrist aus gesetzlichen und aus vertraglichen Ansprüchen auf 3 Jahre herabgesetzt worden. Sie beginnt – wie vor der Reform – mit Ablauf des Jahres, in dem der Anspruch enstand und endet spätestens nach Ablauf von 10 Jahren (§ 199 Abs. 4 BGB).

In § 212 BGB ist der **Neubeginn** der Verjährungsfrist geregelt. Der Gläubiger erreicht sie durch Antrag einer gerichtlichen Vollstreckungshandlung, der Schuldner durch Teilzahlung oder durch Bitte um Stundung. Bei einer **Hemmung** der Verjährungsfrist läuft diese während des Hemmungsgrundes nicht weiter: Sie verlängert sich um die Zeitdauer der Hemmung. Hemmungsgründe können sein ein Verfahren der Rechtsverfolgung, z. B. Anspruchsanmeldung im Insolvenzverfahren (§ 204 BGB), ein Leistungsverweigerungsrecht aufgrund einer Vereinbarung zwischen Gläubiger und Schuldner (§ 205 BGB) oder höhere Gewalt (§ 206 BGB). Nach Eintritt der Verjährung ist der Schuldner berechtigt, die Leistung zu verweigern (§ 214).

Die Verjährungsfrist **beginnt** durch die Teilzahlung **neu** zu laufen. Sie stellt wie die Bitte um Stundung, eine Sicherheitsleistung oder eine Zahlung von Verzugszinsen eine ausdrückliche Schuldanerkenntnis dar. 2

Zu 1. Die Verjährungsfrist wird gehemmt durch ein Rechtsverfolgungsverfahren, bei gegebenem Leistungsverweigerungsrecht und bei höherer Gewalt.

Zu 3. Nach Ablauf von 10 Jahren endet eine Regelverjährung spätestens.

Zu 4. Das ist die Regelverjährungsfrist (bisher 30 Jahre).

Zu 5. Diese Aussage ist falsch.

§

§ 212 Neubeginn der Verjährung. (1) Die Verjährung beginnt erneut, wenn

1. der Schuldner dem Gläubiger gegenüber den Anspruch durch Abschlagszahlung, Zinszahlung, Sicherheitsleistung oder in anderer Weise anerkennt oder
2. eine gerichtliche oder behördliche Vollstreckungshandlung vorgenommen oder beantragt wird.

...

§ 214 Wirkung der Verjährung. (1) Nach Eintritt der Verjährung ist der Schuldner berechtigt, die Leistung zu verweigern.

(2) [1]Das zur Befriedigung eines verjährten Anspruchs Geleistete kann nicht zurückgefordert werden, auch wenn in Unkenntnis der Verjährung geleistet worden ist. [2]Das Gleiche gilt von einem vertragsmäßigen Anerkenntnis sowie einer Sicherheitsleistung des Schuldners.

Bürgerliches Gesetzbuch (BGB) – Auszug

Lagerhaltung

10.01

Das Aufnehmen des Inventars (siehe unter **1**) wird Inventur (Bestandsaufnahme) genannt. Eine Jahresinventur hat jeder Kaufmann für den Schluss eines jeden Geschäftsjahres zu machen. Es werden die wirklichen Bestände (Ist-Bestände) mengenmäßig festgestellt und dabei die in den Lagerkarten ausgewiesenen Sollbestände nachgeprüft. Bestandsaufnahmen können auch in kürzeren Zeitabständen (monatlich), fortlaufend oder stichprobenartig gemacht werden. 3

Zu 1. Unter Inventar versteht man das Verzeichnis aller Vermögensgegenstände und Schulden mit Wertangabe, das ein Kaufmann beim Beginn eines Handelsgewerbes und für den Schluss eines jeden Geschäftsjahres aufzustellen hat (§§ 39 HGB).

Zu 2. Statistik wird die zahlenmäßige Bewertung der Massenerscheinungen der Natur und der menschlichen Gesellschaft genannt. In der Hauptsache werden statistische Daten in den Bereichen der Wirtschaft, der Gesellschaft (Bevölkerungsstatistik) erhoben. Träger der amtlichen Statistik in der Bundesrepublik Deutschland ist das Statistische Bundesamt in Wiesbaden.

Zu 4. Unter Stichproben versteht man unvermutete Kontrollen. Es sollen Menge und Güte der Ware, evtl. die Ordnungsmäßigkeit der Lagerbuchhaltung und die zuverlässige Arbeitsweise des Lagerhalters überprüft werden.

Zu 5. Unter Materialdisposition versteht man u.a. die Überwachung der Warenbestände im Warenwirtschaftssystem, die Auswahl der optimalen Bestell- und Lieferzeitpunkte und die Festlegung der optimalen Bestellmenge.

10.02

Die Lagerkosten hängen ab:

- von der Zahl der im Lager Beschäftigten
- von der Größe der Lagerräume 5
- von der betriebsnotwendigen Einrichtung der Lagerräume
- von der Menge der zu lagernden Güter

Zu 1. und 2. Der Einkaufspreis und die Bezugskosten gehören nicht zu den Lagerkosten.

Zu 3. Die Lagerkosten sind auch – aber nicht ausschließlich – von der Höhe des Lagerbestandes abhängig.

Zu 4. Die Lagerkosten können bei einer Verringerung der Lagerdauer sinken.

Auszug aus dem Handelsgesetzbuch (HGB)

§ 240 Inventar

(1) Jeder Kaufmann hat zu Beginn seines Handelsgewerbes seine Grundstücke, seine Forderungen und Schulden, den Betrag seines baren Geldes sowie seine sonstigen Vermögensgegenstände genau zu verzeichnen und dabei den Wert der einzelnen Vermögensgegenstände und Schulden anzugeben.

(2) Er hat demnächst für den Schluss eines jeden Geschäftsjahrs ein solches Inventar aufzustellen. Die Dauer des Geschäftsjahrs darf zwölf Monate nicht überschreiten. Die Aufstellung des Inventars ist innerhalb der einem ordnungsmäßigen Geschäftsgang entsprechenden Zeit zu bewirken.

10.03

Umschlaghäufigkeit = $\frac{\text{Wareneinsatz}}{\text{Ø Lagerbestand}}$

Sie gibt an, wie oft der durchschnittliche Lagerbestand abgesetzt worden ist.

Lagerdauer = $\frac{360}{\text{Umschlaghäufigkeit}}$

Sie gibt an, wie viel Tage der durchschnittliche Lagerbestand gelagert wurde.

Zwischen beiden Kennziffern besteht ein unmittelbarer Zusammenhang:

- je größer die Umschlaghäufigkeit, um so kürzer die Lagerdauer
- je kleiner die Umschlaghäufigkeit, um so länger die Lagerdauer

5

10.04

Der **Mindestbestand** muss immer zur Verfügung stehen. Er darf nur auf Anweisung der Geschäftsleitung angegriffen werden.

Der **Istbestand** wird durch die gesetzlich vorgeschriebene körperliche Inventur ermittelt.

Beim Erreichen des **Meldebestandes** muss die Lagerverwaltung den Einkauf informieren. In der Regel wird der Meldebestand aus dem Produkt aus durchschnittlichem Tagesverbrauch und Lieferzeit ermittelt, vermehrt um den festgesetzten Mindestbestand.

Der **Sollbestand** ist der laut Datenträger im Lager befindliche Buchbestand.

Der **durchschnittliche Bestand** wird auf Grund von Jahres-, Halbjahres-, Quartals- oder Monatszahlen ermittelt.

Formel: $\frac{\text{Anfangsbestand} + \text{x Schlussbestände}}{\text{x} + 1}$

Der **Höchstbestand** liegt unmittelbar nach Einlagerung einer neuen Lieferung vor.

a) 2
b) 4
c) 1
d) 3

10.05

Reihenfolge der Arbeitsschritte:

1. Anschrift auf Richtigkeit prüfen
2. Anzahl der Packstücke überprüfen
3. Verpackung auf Unversehrtheit prüfen
4. Verpackungsmängel vom Anlieferer bestätigen lassen
5. Ware auspacken
6. Menge und Qualität anhand des Lieferscheines prüfen
7. Ware im Lager einsortieren

a) 3
b) 5
c) 1
d) 6
e) 7
f) 2
g) 4

10.06

Die durchschnittliche Lagerdauer gibt an, wie viel Tage der durchschnittliche Lagerbestand gelagert worden ist. Er wird vom Absatz und von der Größe des durchschnittlichen Lagerbestandes bestimmt.

$$\text{Durchschnittliche Lagerdauer} = \frac{360}{\text{Umschlaghäufigkeit}}$$ 2

Zu 1. Der Wareneinsatz entspricht dem Bezugspreis (Einstandspreis) der umgesetzten Ware. Mit dieser Formel wird die Umschlaghäufigkeit ermittelt.

Zu 3. Dies ergibt den durchschnittlichen Lagerbestand auf Grund einer monatlichen Inventur.

Zu 4. Diese Kennziffer gibt es nicht.

Zu 5. Diese Kennziffer verwechselt Zähler und Nenner.

10.07

Der Wareneinsatz entspricht dem Wert der verkauften Ware zum Einstandspreis (= Wert dieser Ware beim Eintreffen in der Unternehmung). Zum Wareneinsatz werden die Handlungskosten der Unternehmung und ein marktabhängiger Gewinnzuschlag zugerechnet. 4

Zu 1. Bezugspreis der gelieferten Ware unabhängig davon, ob sie verkauft worden ist oder nicht.

Zu 2. Wert der gekauften Ware ohne Bezugskosten

Zu 3. Dies entspricht dem durchschnittlichen Lagerbestand.

Zu 5. vgl. Angabe 4, ohne Bezugskosten.

Unbezahlte Ware aus Supermärkten, Warenhäusern oder Einzelhandelsläden „mitgehen" zu lassen, ist keine Bagatelle. Nach Schätzungen des deutschen Einzelhandels entsteht durch Diebstähle jährlich ein Schaden von rund zwei Milliarden Euro. Die Polizei registrierte 2008 rund 396 000 Ladendiebstähle – meist Vorkommnisse, die von Ladendetektiven und Sicherheitskräften aufgedeckt wurden. Dabei handelt es sich aber wohl nur um einen Bruchteil der von Kunden oder Personal tatsächlich begangenen Diebstahl-Delikte.

11 Grundlagen des Wirtschaftens und rechtliche Rahmenbedingungen

12 Stellung des Ausbildungsbetriebes in der Gesamtwirtschaft

11.01

Die Bedürfnisse der Menschen sind individuell verschieden und unbegrenzt. Man kann sie einteilen in:

Existenzbedürfnisse: Bedürfnisse, die erfüllt sein müssen, um das Überleben zu sichern

Kulturbedürfnisse: abhängig vom Wohlstand einer Gesellschaft

Luxusbedürfnisse: sind nicht eindeutig bestimmbar 3

Als Bedarf bezeichnet man jenen Teil der Bedürfnisse, den man auf Grund der zur Verfügung stehenden Mittel am Markt befriedigen kann und will (Bedarf = mit Kaufkraft versehene Bedürfnisse). 5

Die Aussagen **3**, **5** und **6** sind richtig. 6

Zu 1. Diese Aussage ist falsch, weil die Kaufkraft niemals ausreicht, alle Bedürfnisse zu befriedigen.

Zu 2. Diese Aussage ist falsch, da in der Regel nicht nur Existenzbedürfnisse befriedigt werden können.

Zu 4. Diese Aussage ist falsch, weil zur Bedürfnisbefriedigung nicht nur materielle, sondern auch immaterielle Güter gehören, z. B. Dienstleistungen.

11.02

Wirtschaftliches Handeln liegt immer dann vor, wenn das „ökonomische Prinzip" (Grundprinzip des Wirtschaftens) zu Grunde gelegt wird.

Zwei Alternativen sind möglich:

- Maximalprinzip: Mit gegebenen Mitteln soll ein größtmöglicher Ertrag erzielt werden
- Minimalprinzip: Ein bestimmter Ertrag soll mit geringstmöglichen Mitteln erreicht werden. 4

Zu 1. Input oder Output muss als Datum vorgegeben sein.

Zu 2. Das ökonomische Prinzip muss auch verfolgt werden, wenn die Kapazitäten nicht ausgelastet werden.

Zu 3. Ausgaben und Einnahmen sind Begriffe der Geschäftsbuchführung (Änderungen auf Geldkonten) und haben mit dem ökonomischen Prinzip nichts zu tun.

Zu 5. Das ökonomische Prinzip gilt auch für Genossenschaften und öffentlich-rechtliche Unternehmen.

Zu 6. In planwirtschaftlich organisierten Volkswirtschaften wird das ökonomische Prinzip nicht beachtet.

11.03

Geschäftsfähigkeit ist die Fähigkeit, Rechtsgeschäfte **selbstständig** und **rechtswirksam** abzuschließen.

Die Geschäftsfähigkeit gliedert sich in drei Stufen

Art	Folge
1. Geschäftsunfähigkeit	Rechtsgeschäfte sind nichtig
2. beschränkte Geschäftsfähigkeit	Rechtsgeschäfte sind schwebend unwirksam
3. volle Geschäftsfähigkeit	Rechtsgeschäfte sind voll gültig

Geschäftsunfähig ist

- wer das 7. Lebensjahr nicht vollendet hat
- wer dauernd geistesgestört ist
- wer wegen Geisteskrankheit ein „Betreuungsfall" ist.
  (Seit 1.1.1992 ist der Begriff der „Entmündigung" durch den Rechtsbegriff der „Betreuung"ersetzt.)

Geschäftsunfähige können keinerlei Rechtsgeschäfte gültig abschließen. Für sie handelt stellvertretend der gesetzliche Vertreter.

Beschränkt geschäftsfähig sind

- alle Personen vom vollendeten 7. bis zum 18. Lebensjahr
- alle Volljährigen (über 18 Jahre alt), sofern sie ein „Betreuungsfall" sind. (Zum Rechtsbegriff der „Betreuung": s. o.)

Voll oder unbeschränkt geschäftsfähig sind

- alle Volljährigen (soweit sie keinen Beschränkungen unterliegen, siehe oben!).

a) Ein siebenjähriges Kind ist beschränkt geschäftsfähig; allerdings darf ein beschränkt Geschäftsfähiger auch ohne Einwilligung des gesetzlichen Vertreters vollgültig Geschäfte abschließen, die
   - ihm nur rechtliche Vorteile bringen, z. B. Schenkung (BGB §107)
   - er mit Geld bezahlt, das ihm für diesen Vertrag oder zur freien Verfügung gegeben wurde, z. B. Taschengeld (BGB § 110) **2**
   - im Rahmen des mit Zustimmung des gesetzlichen Vertreters geschlossenen Arbeitsvertrages anfallen (BGB § 113).

b) Ein Minderjähriger ist beschränkt geschäftsfähig. **2**

c) Wer das 7. Lebensjahr noch nicht vollendet hat, ist geschäftsunfähig; die Rechtsgeschäfte sind nichtig. **3**

d) Der 19-jährige Abiturient ist volljährig und damit voll geschäftsfähig, sofern er keinen Beschränkungen unterliegt (siehe oben). **1**

e) Ein volljähriger Vorbestrafter ist voll geschäftsfähig; eine Vorstrafe ist keine Beschränkung der Geschäftsfähigkeit (siehe oben). **1**

11.04

Besitz ist die tatsächliche (BGB §§ 854 ff), Eigentum die rechtliche Verfügungsgewalt über eine Sache (BGB §§ 903 ff).

Eigentum und Besitz können zusammenfallen (z. B. vom Eigentümer bewohnte Wohnung) oder auseinander fallen (z. B. vermietete Wohnung). 1

Man unterscheidet:

- Der Eigentümer hat die Sache: Er ist unmittelbarer Besitzer.
- Der Eigentümer hat die Sache verliehen, vermietet, verpachtet usw. (freiwillige Besitzübertragung): Der Eigentümer ist nur noch mittelbarer Besitzer. Der Mieter usw. ist unmittelbarer Besitzer.
- Dem Eigentümer ist die Sache abhanden gekommen (Verlust, Diebstahl usw. = unfreiwillige Besitzaufgabe): Der Eigentümer ist nicht mehr Besitzer. Ein Dieb oder Finder, der die Sache nicht abliefert, ist bösgläubiger Besitzer; er wird nicht Eigentümer.
- Der Eigentümer lässt seine Herrschaft über die Sache durch einen anderen ausüben (z. B. beim Auto durch den Chauffeur): Der Eigentümer bleibt unmittelbarer Besitzer. Der andere ist Besitzdiener.

11.05

Mit dem Abschluss eines Kaufvertrages (Verpflichtungsgeschäft) verpflichten sich beide Vertragspartner, den Vertrag zu erfüllen (Erfüllungsgeschäft).

Der Verkäufer verpflichtet sich

- die Ware zur rechten Zeit, am richtigen Ort, in der richtigen Art und Weise zu liefern und zu übereignen
- den Kaufpreis anzunehmen.

Der Käufer verpflichtet sich

- die ordnungsgemäß gelieferte Ware anzunehmen und zu prüfen 4
- den Kaufpreis vereinbarungsgemäß zu zahlen.

Die Antworten **1**, **3** und **5** gehören zu den Pflichten des Käufers.

Die Antwort **2** ist Voraussetzung für das Zustandekommen eines Kaufvertrages; Pflichten können aber erst nach Abschluss des Vertrages entstehen.

12.01

Die Aussage **5** trifft zu. 5

Beim erwerbswirtschaftlichen Prinzip (Wettbewerbswirtschaft) steht das Streben nach einem möglichst großen oder einem angemessenen Gewinn im Mittelpunkt. Voraussetzung dafür: Eine anhaltende Umsatzsteigerung und eine ständige Verbesserung der Konkurrenzfähigkeit (Handeln nach dem ökonomischen Prinzip, Kostenminimierung).

Zu 1. Dieser Forderung kann nicht nachgekommen werden (zwei variable Vorgaben).

Zu 2. Diese Forderung zählt zu den ökologischen Zielsetzungen eines Unternehmens.

Zu 3. Beschreibung des ökonomischen Prinzips in Form des Maximalprinzips.

Zu 4. Beschreibung des gemeinwirtschaftlichen Prinzips.

12.02

Die Industrie- und Handelskammern sind Körperschaften des öffentlichen Rechts mit Zwangsmitgliedschaften aller Kaufleute des IHK-Bezirks.

Ihre wichtigsten Aufgaben sind:

- Interessenvertretung der gewerblichen Wirtschaft gegenüber den kommunalen Interessen
- Beratung der Mitglieder
- Schlichtung von Wettbewerbsstreitigkeiten
- Abgabe von Gutachten
- Regelung, Überwachung und Förderung der Berufsausbildung als „zuständige Stelle" gemäß Berufsbildungsgesetz 2

Zu 1. Tarifverträge werden zwischen Arbeitgeberverbänden und Gewerkschaften abgeschlossen.

Zu 3. Diese Streitigkeiten werden von den Arbeitsgerichten entschieden. Berufungsinstanz: Landesarbeitsgericht, ggf. Revision: Bundesarbeitsgericht.

Zu 4. Handwerksbetriebe werden von den Handwerkskammern vertreten.

Zu 5. Diese Gesetzesvorlagen können nur von der Bundesregierung, von Mitgliedern des Bundestages oder vom Bundesrat ausgehen.

12.03

Betriebsvereinbarungen sind Verträge zwischen Arbeitgeber und Betriebsrat zur Regelung betrieblicher Belange.

Alle Arbeitsbedingungen, die in einem Tarifvertrag festgeschrieben werden, können nicht Gegenstand einer Betriebsvereinbarung sein.

Die **Wochenarbeitszeit** ist im Tarifvertrag geregelt (Manteltarifvertrag). 4

Alle anderen aufgeführten Sachgebiete betreffen die betriebliche Ordnung und werden deshalb in einer Betriebsvereinbarung vertraglich bestimmt.

12.04

Interessenverbände sind Organisationen mit dem Ziel, gemeinsame Interessen ihrer Mitglieder durchzusetzen: Gewerkschaften, Arbeitgeberverbände, Branchenvereinigungen im Bereich der Wirtschaft, Verbraucherverbände. Die Durchsetzung der Interessen erfolgt u.A. durch eine „Lobby"*. Infolge der Branchenzugehörigkeit kann der Auszubildende der IG-Metall beitreten. 3

Zu 1. und 2. Dies sind Interessenvertretungen der Arbeitgeber.

Zu 4. Die GEW ist die Interessenvertretung der Lehrer der verschiedenen Schularten (von der Grundschule bis zur Hochschule).

Zu 5. Die Berufsgenossenschaften (Träger der gesetzlichen Unfallversicherung) sind Körperschaften des öffentlichen Rechts, in denen nur Arbeitgeber als Mitglieder aufgenommen werden.

* Lobby: engl. „Vorhalle", ursprünglich die Wandelhalle des britischen Unterhauses. Übertragene Bedeutung: eine Interessengruppe, die Parlamentarier und Behörden in ihrem Sinn zu beeinflussen sucht.

12.05

Arbeitgebervereinigungen sind Zusammenschlüsse von Arbeitgebern zur Vertretung der gemeinsamen Belange.

Man unterscheidet:

- privatrechtliche Vereinigungen:
  Arbeitgeberverbände und ihre Dachorganisationen (BDA = Bundesvereinigung der Deutschen Arbeitgeberverbände)
  BDI = Bundesverband der Deutschen Industrie
  DIHK = Deutscher Industrie- und Handelskammertag
- öffentlich-rechtliche Vereinigung:
  die Kammern (Industrie- und Handelskammer, Handwerkskammer, Ärztekammer usw.)

Die Aussage **3** ist richtig.

Im Gegensatz zu den Kammern, bei denen Zwangsmitgliedschaft besteht, kann kein Unternehmen zum Beitritt in dem zuständigen Arbeitgeberverband gezwungen werden. 3

Zu 1. und 2. Diese Aussage trifft nicht zu. Die Mitgliedschaft ist nicht gesetzlich vorgeschrieben und nicht von der Zahl der Beschäftigten abhängig.

Zu 4. Arbeitgeberverbände werden überwiegend durch Mitgliedsbeiträge finanziert.

Zu 5. Diese Aussage trifft nicht zu. Die Interessenvertretung der Mitglieder spielt auch sozial-, wirtschafts- und gesellschaftspolitisch eine Rolle. Dies hat Auswirkungen auf die Arbeit der gesetzgebenden Organe.

12.06

Die Gesellschaft mit beschränkter Haftung (GmbH) ist als Kapitalgesellschaft eine juristische Person. Sie entsteht durch die Eintragung in Abteilung B des Handelsregisters. 3

Zu 1. Jeder Gesellschafter haftet nur mittelbar (gegenüber der Gesellschaft, nicht gegenüber den Gläubigern) in Höhe seiner Einlage. Haftung von Privatvermögen ist ausgeschlossen, da die GmbH als juristische Person kein Privatvermögen besitzt.

Zu 2. Organe sind der Geschäftsführer und die Gesellschafterversammlung. Die Bildung eines Aufsichtsrates ist erst ab 500 Arbeitnehmern gesetzlich vorgeschrieben.

Zu 4. Bei der Anmeldung zur Eintragung ins Handelsregister müssen ein Mindeststammkapital von 25.000 EUR (die Hälfte als Geldeinlage) und eine Satzung nachgewiesen werden.

Zu 5. Die Gewinnverteilung erfolgt in der Regel wie bei der AG nach Kapitaleinlagen und wird von der Gesellschafterversammlung beschlossen.

12.06

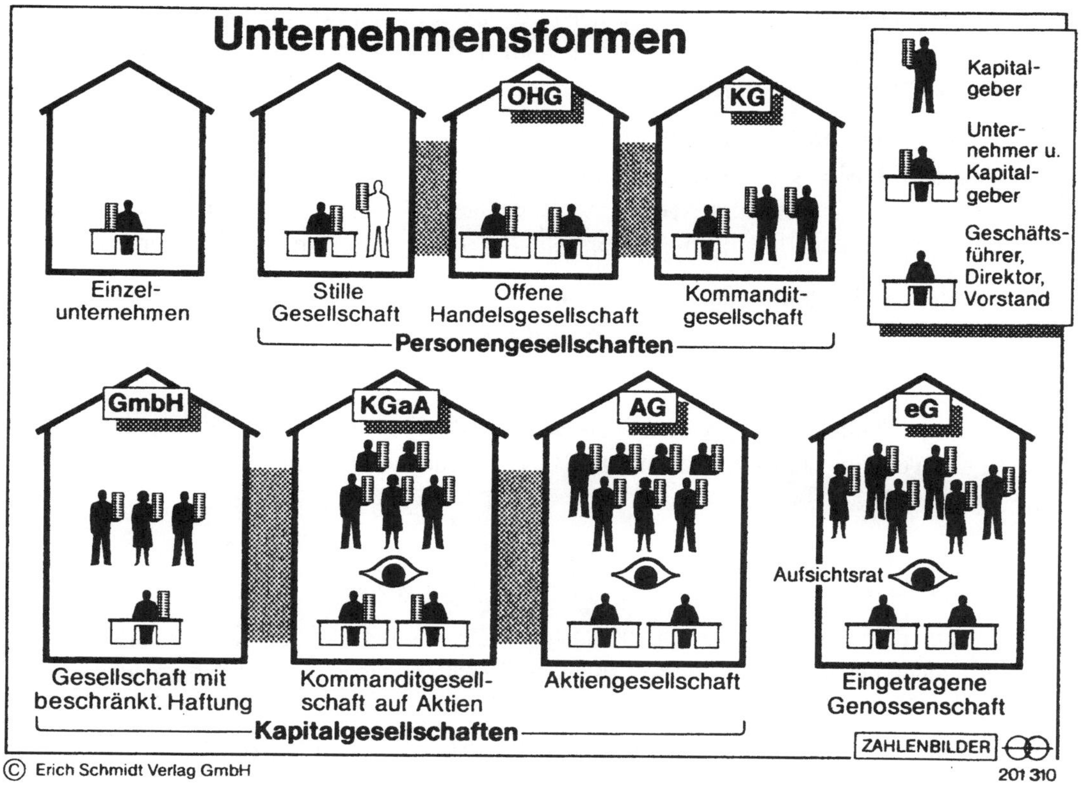

Unternehmensformen

Der Begriff **Unternehmung** kennzeichnet die **rechtliche Organisationseinheit,** die sich aus der erwerbswirtschaftlichen Zielsetzung und aus dem Organisationswillen des Unternehmers bzw. Kapitalgebers ergibt. Im Gegensatz hierzu stellt sich der Betrieb als organisatorisch-technische Wirtschaftseinheit dar, in der sich die auf Erwerb gerichtete wirtschaftliche Tätigkeit vollzieht. Die Firma ist lediglich der Name der Unternehmung. Nach der Rechtsform der Unternehmungen unterscheidet man Einzelunternehmungen, Personengesellschaften, Kapitalgesellschaften und Genossenschaften.

Der **Einzelunternehmer** ist alleiniger Eigentümer, er haftet unbeschränkt für die Geschäftsschulden. Der erwirtschaftete Gewinn gehört ihm. Bei den **Personengesellschaften** schaffen sich die Gesellschafter mit ihren Kapitaleinlagen zumeist ein persönliches Wirkungsfeld. Zu diesen Gesellschaften zählen die offene Handelsgesellschaft (OHG), die Kommanditgesellschaft (KG) und die Stille Gesellschaft. Die OHG ist eine handelsrechtliche Vereinigung von zwei oder mehreren Personen zum Betrieb eines Handelsgewerbes unter gemeinsamer Firma. Jeder Gesellschafter haftet unbeschränkt gegenüber den Gläubigern der OHG. In der KG haftet der persönlich tätige Gesellschafter (Komplementär) unbeschränkt, während die übrigen (Kommanditisten) nur in Höhe ihrer Einlage haften. Dafür sind sie an der Geschäftsführung nicht beteiligt. Der Stille Gesellschafter beteiligt sich mit seiner Einlage am Gewinn. Er tritt nach außen nicht in Erscheinung und haftet auch nicht.

Kapitalgesellschaften haben im Gegensatz zu Personengesellschaften eine eigene Rechtspersönlichkeit; sie sind juristische Personen. Hierzu gehören die Aktiengesellschaft (AG), die Kommanditgesellschaft auf Aktien (KGaA) und die Gesellschaft mit beschränkter Haftung (GmbH). Bei der AG sind die Gesellschafter (Aktionäre) mit Einlagen auf das in Aktien zerfallende Grundkapital (mindestens 50.000 EUR) beteiligt. Die Haftung ist auf Grundkapital und Rücklagen beschränkt. Die Aktionäre haben das Recht auf Anteil am Reingewinn (Dividende). Bei der KGaA haftet mindestens ein Gesellschafter unbeschränkt, die übrigen mit ihrem Anteil am Grundkapital. Die Gesellschafter der GmbH sind mit Einlagen am Stammkapital beteiligt, auf die sich ihre Haftung beschränkt.

Eingetragene **Genossenschaften** (eG) sind Selbsthilfeorganisationen. Sie bezwecken die Förderung des Erwerbs oder der Wirtschaft ihrer Mitglieder (Genossen) mittels gemeinschaftlichen Geschäftsbetriebes. Die Haftung jedes Genossen ist auf eine Haftsumme begrenzt, die nicht kleiner als sein Geschäftsanteil sein darf.

12.07

Eine **Personengesellschaft** liegt vor, wenn sich mehrere Personen zu einer Gesellschaft zusammengeschlossen haben, bei der die Mitgliedschaft auf die Person und die einzelnen Gesellschafter zugeschnitten ist. Merkmale: Persönliche Haftung der Gesellschafter für die Schulden, persönliche Mitarbeit, Übertragbarkeit und Vererblichkeit der Mitgliedschaft grundsätzlich nur mit Zustimmung der anderen Gesellschafter.

Im Gegensatz dazu ist bei der **Kapitalgesellschaft** die Mitgliedschaft auf die reine Kapitalbeteiligung und nicht auf persönliche Mitarbeit der Gesellschafter zugeschnitten. Merkmale: Anteil grundsätzlich frei veräußer- und vererbbar, keine persönliche Haftung der Gesellschafter, keine persönliche Mitarbeit bei der Geschäftsführung notwendig, Kapitalgesellschaften sind rechtsfähig. Die Unternehmungsform ist Bestandteil des Namens der Unternehmung.

Daher sind die Antworten **1**, **3** und **4** richtig.

Zu 1. Personengesellschaft, bei der der Vollhafter eine juristische Person (GmbH) ist. 1

Zu 3. Hier liegt eine offene Handelsgesellschaft vor, die zu den Personengesellschaften zählt. 3

Zu 4. Die Kommanditgesellschaft ist eine Personengesellschaft und weist mindestens einen Komplementär (Vollhafter) und einen oder mehrere Kommanditisten (Teilhafter) auf. Die Geschäftsführung obliegt dem Komplementär. 4

Zu 2. Die Gesellschaft mit beschränkter Haftung (vgl. Aufgabe 12.06) zählt zu den Kapitalgesellschaften.

Zu 5. Diese Rechtsform (Kommanditgesellschaft auf Aktien, KGaA) ist sehr selten. Die Kommanditisten erhalten je nach Beteiligungshöhe Aktien. Die KGaA ist eine Kapitalgesellschaft mit einem persönlich haftenden Gesellschafter (Komplementär).

Zu 6. Die Aktiengesellschaft (AG) ist die typische Kapitalgesellschaft, also eine juristische Person. Sie entsteht durch die Eintragung in Abteilung B des Handelsregisters. Bei der Gründung muss mindestens 1 Person, ein gezeichnetes Kapital von mindestens 50.000 EUR und ein notariell beurkundeter Gesellschaftsvertrag vorliegen. Organe sind der Vorstand, der Aufsichtsrat und die Hauptversammlung. Der Jahresabschluss muss von Wirtschaftsprüfern kontrolliert und vom Vorstand dem Aufsichtsrat vorgelegt werden. Die Gewinnverteilung erfolgt in der Regel nach Kapitaleinlage (Dividende) und wird von der Hauptversammlung beschlossen. Jeder Gesellschafter haftet nur mittelbar in Höhe seiner Einlagen.

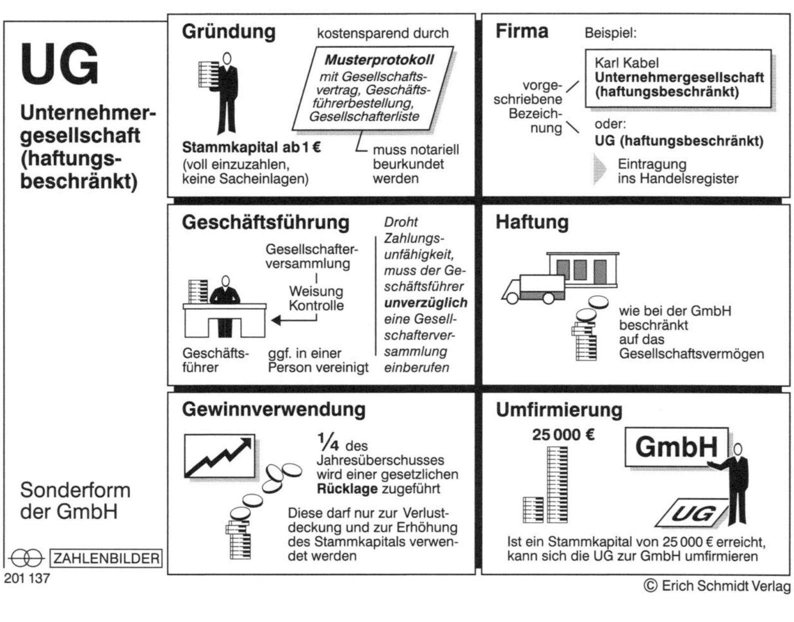

Existenzgründer haben es künftig einfacher, ein Unternehmen mit beschränkter Haftung auf die Beine zu stellen. Die Gründung einer „Mini-GmbH" kann schon mit einem Stammkapital ab 1 Euro erfolgen. Die vorgeschriebene Rechtsformbezeichnung des neuen Firmentyps lautet „Unternehmergesellschaft (haftungsbeschränkt)" oder „UG (haftungsbeschränkt)". Eine Besonderheit der UG gegenüber der normalen GmbH besteht darin, dass ein Viertel des Jahresüberschusses in eine gesetzliche Rücklage eingestellt werden muss, die nur zur Verlustdeckung und zur Erhöhung des Stammkapitals verwendet werden darf.

12.07

Personengesellschaften: **z. B. Maier & Co. KG**

Personengesellschaften und Einzelkaufleute müssen ihre Rechtsform eindeutig kennzeichnen. Das bedeutet, Personengesellschaften dürfen nicht nur mit Maier & Co. (bzw. Cie.), Lehmann & Schulze, Schulze & Sohn usw. firmieren, sondern müssen allgemein verständliche Abkürzungen führen, die eindeutige Rückschlüsse auf die gewählte Rechtsform zulassen, z. B. **KG, OHG**.

Einzelkaufleute führen den korrekten Zusatz „eingetragener Kaufmann" bzw. „eingetragene Kauffrau" oder eine entsprechende Abkürzung wie z. B. „**e. K.**", „**e. Kfm.**" bzw. „**e. Kfr.**".

Das ist bei der Gestaltung von Geschäftspapieren zu beachten:

Der Rechtsformzusatz muss auf den Geschäftsbriefblättern vermerkt sein, damit die Geschäftspartner über die Rechtsform der Firma eindeutig informiert sind.

Wer z. B. unter der Sachfirma „CyberGames OHG" seine Geschäfte führt, muss nicht unbedingt seinen Vor- und Zunamen auf das Geschäftspapier drucken, das zuständige Registergericht und die Handelsregisternummer müssen aber auf den Geschäftsbriefblättern vermerkt sein!

12.08

Das Wesen der Tarifautonomie besteht in dem Recht der Tarifpartner, Vereinbarungen zu treffen, ohne dass der Staat eingreifen darf. Sie ist das arbeitsrechtliche Gegenstück zu der bürgerlichen Vertragsfreiheit. Tarifpartner können die Arbeitgeberverbände, Gewerkschaften und der einzelne Arbeitgeber sein. Wenn der Tarifvertrag zwischen einem Arbeitgeber und einer Gewerkschaft abgeschlossen wurde, spricht man von einem Haustarifvertrag.

Betriebsvereinbarungen dagegen können nach dem Betriebsverfassungsgesetz nur zwischen dem Arbeitgeber und dem Betriebsrat getroffen werden (§ 77 Betriebsverfassungsgesetz). Das Recht, einen Betriebsrat zu wählen, ist zwar auch in dem Betriebsverfassungsgesetz (§§ 7 ff) geregelt, ist jedoch nicht Gegenstand der Tarifautonomie. Den Gewerkschaften – aber auch den Arbeitgebern – steht selbstverständlich das Recht zu, die von ihnen geschlossenen Tarifverträge zu kündigen, jedoch ist dieses Recht nicht Gegenstand der Tarifautonomie. Arbeitskampfmaßnahmen (Streik und Aussperrung) sind nach Art. 9 III GG geschützt, sind jedoch ebenfalls nicht Gegenstand der Tarifautonomie. 4

Zu 1. Betriebsvereinbarungen werden gemäß Betriebsverfassungsgesetz zwischen Betriebsrat und Geschäftsleitung abgeschlossen.

Zu 2. Die Bestimmungen für die Betriebsratwahl sind im Betriebsverfassungsgesetz niedergelegt (BetrVG §§ 7 ff).

Zu 3. und 5. Abschluss und Kündigung von Tarifverträgen sowie das Ergreifen von Arbeitskampfmaßnahmen sind im Tarifvertragsgesetz geregelt.

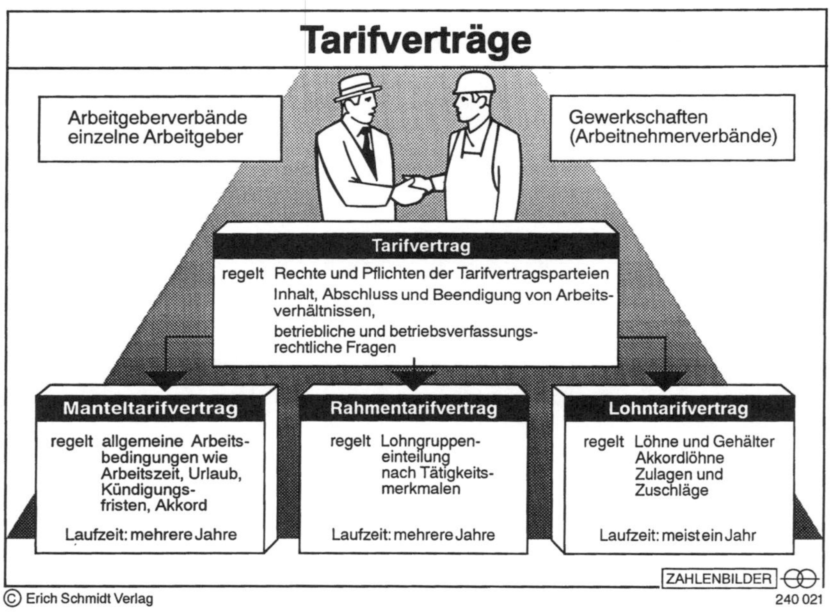

Tarifverträge

Das Grundgesetz gewährleistet in Artikel 9 die Tarifautonomie, das heißt das Recht der Arbeitnehmer- und Arbeitgeberverbände, die gemeinsamen Arbeitsbedingungen für die Beschäftigten ihres Bereichs innerhalb der gesetzlichen Schranken selbstständig und somit ohne staatliche Einflussnahme zu vereinbaren. Nähere Bestimmungen dazu enthält das Tarifvertragsgesetz.

Ein Tarifvertrag kommt durch freie Vereinbarung der beteiligten Gewerkschaften und Arbeitgeberverbände zu Stande. Er legt die Rechte und Pflichten der Tarifparteien fest und regelt durch Rechtsnormen den Abschluss, den Inhalt und die Beendigungen von Arbeitsverhältnissen sowie betriebliche und betriebsverfassungsrechtliche Fragen. Dabei bleiben die allgemeinen, auf längere Zeit gültigen Arbeitsbedingungen den so genannten **Manteltarifverträgen** vorbehalten. Die Einhaltung der verschiedenen Lohngruppen nach ihren Tätigkeitsmerkmalen erfolgt meist in besonderen **Rahmentarifverträgen**, die ebenfalls auf mehrere Jahre abgeschlossen werden. Die Lohn- und Gehaltssätze werden dagegen in **Lohn- und Gehaltstarifverträgen** mit kürzerer Laufzeit vereinbart.

12.09

Das Handelsregister ist das Verzeichnis aller Kaufleute eines Amtsgerichtsbezirks (§ 8 HGB).

In **Abteilung A** werden alle Einzelunternehmen und Personengesellschaften,

in **Abteilung B** alle Kapitalgesellschaften eingetragen.

Einzutragen sind:

- die Firma
- der Geschäftssitz
- der Gegenstand der Unternehmung (nur bei Kapitalgesellschaften)
- Inhaber bzw. Gesellschafter
- das gezeichnete Kapital (nur bei Kapitalgesellschaften)
- Geschäftsführer bzw. Vorstand
- Prokuristen
- Liquidation, Insolvenz

3

Die Eintragungen sind entweder

- konstitutiv (rechtserzeugend)
- deklaratorisch (rechtsbezeugend).

Die Aussagen **1**, **2**, **4** und **5** treffen nicht zu.

Bedingungen für die Eintragung in das Handelsregister gemäß Handelsgesetzbuch:

Handelsregisterverordnung § 25

Die Amtsgerichte sind verpflichtet, über alle Anträge auf Eintrag in das Register innerhalb eines Monats zu entscheiden. In diesem Zeitraum muss das Gericht das Verfahren entweder abschließen oder unter Fristsetzung auf bestehende Eintragungshindernisse hinweisen. Mit der zum 1. Januar 2007 vorgesehenen Einführung eines elektronischen Handelsregisters werden auch die technischen Voraussetzungen für eine schnellere Eintragung deutlich verbessert, sodass in einfach gelagerten Fällen eine Eintragung binnen 24 Stunden zur Regel werden kann.

Achten Sie beim Lesen Ihrer Tageszeitung auf den Teil AMTLICHE BEKANNTMACHUNGEN mit den Auszügen aus den Handelsregistern: Neueintragungen, Veränderungen, Löschungen!

12.10

a) **Konzern:** Man unterscheidet horizontale Konzerne (Verbindung von Unternehmen derselben Produktionsstufe) und vertikale Konzerne (Verbindung von Konzernen verschiedener Produktionsstufen). 2

b) **Trust:** Die Aufgabe der wirtschaftlichen und rechtlichen Selbstständigkeit vollzieht sich meist durch Gründung einer neuen Gesellschaft und Einbringung der bisherigen Gesellschaften. 3

c) **Kartell:** Das Gesetz gegen Wettbewerbsbeschränkungen lässt Kartelle nur unter bestimmten Bedingungen zu. Durch die im Juli 2005 erfolgte Änderung des GWB (Gesetz gegen Wettbewerbsbeschränkungen) wurde das deutsche an das europäische Kartellrecht angepasst. (Siehe dazu unten stehende Grafik.) 1

13

Menschliche Arbeit im Betrieb, Berufsbildung

14

Arbeitssicherheit, Umweltschutz und rationelle Energieverwendung

Menschliche Arbeit im Betrieb, Berufsbildung

13.01

Die Gesetze unter **1** und **7** betreffen nicht die berufliche Bildung.

Zu 1. Das „Gesetz zum Schutz der Jugend in der Öffentlichkeit" (Jugendschutzgesetz) hat mit der beruflichen Bildung nichts zu tun. 1

Zu 7. Das Einkommensteuergesetz mit seinen Durchführungsverordnungen hat ebenfalls mit der beruflichen Bildung nichts zu tun. 7

Alle anderen genannten Gesetze betreffen die berufliche Bildung.

Zu 2. Das **„Gesetz zum Schutz der arbeitenden Jugend"** gilt für alle minderjährigen Personen
- in der Berufsausbildung
- als Arbeitnehmer oder Heimarbeiter

Für die Berufsausbildung gelten u.a.
- Arbeitszeitvorschriften (§§ 4 und 8)
- Berufsschule (§ 9)
- Prüfungen und außerbetriebliche Ausbildungsmaßnahmen (§ 10)
- tägliche Freizeit und Nachtruhe (§§ 13 und 14)

Die Urlaubsbestimmungen (§ 19) gelten nur, soweit Tarifverträge keine günstigere Regelung vorsehen.

Zu 3. Eine **Ausbildungsverordnung** wird für jeden staatlich anerkannten Ausbildungsberuf erlassen. Sie enthält
- die Berufsbezeichnung
- die Regeldauer der Ausbildung
- das Berufsbild
- den Ausbildungsrahmenplan
- die Prüfungsanforderungen

Zu 4. Das **Berufsbildungsgesetz** enthält Rechtsvorschriften zur
- Berufsausbildungsvorbereitung
- Berufsausbildung
- beruflichen Fortbildung
- beruflichen Umschulung

Zu 5. **Schulpflichtgesetze** werden von den Ländern erlassen und regeln die allgemein bildende und die berufsbildende Schulpflicht. Alle Auszubildenden sind berufsschulpflichtig.

Zu 6. Das **Betriebsverfassungsgesetz** regelt die Mitbestimmungs- und Mitwirkungsrechte des Betriebsrates und der Jugend- und Auszubildenden-Vertretung bei der beruflichen Bildung.

13.02

Die richtige Antwort lautet **3**. 3

Der Ausbilder hat unter Zugrundelegung des Ausbildungsrahmenplanes für den Auszubildenden einen Ausbildungsplan zu erstellen. Er enthält die sachliche und zeitliche Gliederung der Ausbildung im Unternehmen.

Zu 1. Die Urlaubsansprüche werden im Tarifvertrag oder im Jugendarbeitsschutzgesetz/Bundesurlaubsgesetz geregelt.

Zu 2. Die Inhalte der Zwischenprüfung sind in der Ausbildungsordnung festgelegt.

Zu 4. Dies wird in einem Versetzungsplan festgehalten.

Zu 5. Die zu vermittelnden Inhalte der Berufsschule sind im Rahmenlehrplan festgelegt.

13.03

Das Jugendarbeitsschutzgesetz gilt für alle minderjährigen Personen in einem Beschäftigungsverhältnis als Arbeitnehmer oder als Auszubildender. 3

Zu 1. Die Aussage ist falsch, da nur Auszubildende angesprochen sind.

Zu 2. Die Aussage ist falsch, da nur Arbeitnehmer angesprochen sind.

Zu 4. und 5. Die Aussagen sind falsch, weil ein Beschäftigungsverhältnis bestehen muss.

JASchG

Erster Abschnitt. Allgemeine Vorschriften

§ 1. Geltungsbereich. (1) Dieses Gesetz gilt für die Beschäftigung von Personen, die noch nicht 18 Jahre alt sind,

1. in der Berufsausbildung
2. als Arbeitnehmer oder Heimarbeiter
3. mit sonstigen Dienstleistungen, die der Arbeitsleistung von Arbeitnehmern oder Heimarbeitern ähnlich sind,
4. in einem der Berufsausbildung ähnlichen Ausbildungsverhältnis.

(2) Dieses Gesetz gilt nicht

1. für geringfügige Hilfeleistungen, soweit sie gelegentlich
   a) aus Gefälligkeit
   b) auf Grund familienrechtlicher Vorschriften,
   c) in Einrichtungen der Jugendhilfe,
   d) in Einrichtungen zur Eingliederung Behinderter erbracht werden,
2. für die Beschäftigung durch die Personensorgeberechtigten im Familienhaushalt.

§ 9. Berufsschule. (1) Der Arbeitgeber hat den Jugendlichen für die Teilnahme am Berufsschulunterricht freizustellen. Er darf den Jugendlichen nicht beschäftigen

1. vor einem vor 9 Uhr beginnenden Unterricht; dies gilt auch für Personen, die über 18 Jahre alt und noch berufsschulpflichtig sind,
2. an einem Berufsschultag mit mehr als fünf Unterrichtsstunden von mindestens je 45 Minuten, einmal in der Woche,
3. in Berufsschulwochen mit einem planmäßigen Blockunterricht von mindestens 25 Stunden an mindestens fünf Tagen; zusätzliche betriebliche Ausbildungsveranstaltungen bis zu zwei Stunden wöchentlich sind zulässig.

(2) Auf die Arbeitszeit werden angerechnet

1. Berufsschultage nach Absatz 1 Nr. 2 mit acht Stunden,
2. Berufsschulwochen nach Absatz 1 Nr. 3 mit 40 Stunden,
3. im übrigen die Unterrichtszeit einschließlich der Pausen.

(3) Ein Entgeltausfall darf durch den Besuch der Berufsschule nicht eintreten.

13.04

2

Die Aussage **2** ist richtig.

Berufsbildungsgesetz (BBiG):

§ 11
Vertragsniederschrift

(1) Ausbildende haben unverzüglich nach Abschluss des Berufsausbildungsvertrages, spätestens vor Beginn der Berufsausbildung, den wesentlichen Inhalt des Vertrages gemäß Satz 2 schriftlich niederzulegen; die elektronische Form ist ausgeschlossen. In die Niederschrift sind mindestens aufzunehmen

1. Art, sachliche und zeitliche Gliederung sowie Ziel der Berufsausbildung, insbesondere die Berufstätigkeit, für die ausgebildet werden soll,
2. Beginn und Dauer der Berufsausbildung,
3. Ausbildungsmaßnahmen außerhalb der Ausbildungsstätte,
4. Dauer der regelmäßigen täglichen Ausbildungszeit,
5. Dauer der Probezeit,
6. Zahlung und Höhe der Vergütung,
7. Dauer des Urlaubs,
8. Voraussetzungen, unter denen der Berufsausbildungsvertrag gekündigt werden kann,
9. ein in allgemeiner Form gehaltener Hinweis auf die Tarifverträge, Betriebs- und Dienstvereinbarungen, die auf das Berufsausbildungsverhältnis anzuwenden sind.

(2) Die Niederschrift ist von den Ausbildenden, den Auszubildenden und deren gesetzlichen Vertretern und Vertreterinnen zu unterzeichnen.

(3) Ausbildende haben den Auszubildenden und deren gesetzlichen Vertretern und Vertreterinnen eine Ausfertigung der unterzeichneten Niederschrift unverzüglich auszuhändigen.

(4) Bei Änderungen des Berufsausbildungsvertrages gelten die Absätze 1 bis 3 entsprechend.

Zu 1. Ein Vertrag kommt durch übereinstimmende Willenserklärungen der Vertragspartner zu Stande. Gemäß § 10 BBiG begründet bereits ein mündlicher Abschluss ein rechtswirksames Vertragsverhältnis.

Zu 3. Die Zeit des Berufsschulunterrichts wird von der zuständigen Berufsschule festgesetzt.

Zu 4. Der Ausbildungsvertrag kann in beiderseitigem Einvernehmen (Aufhebungsvertrag) jederzeit gelöst werden; eine einseitige Kündigung gemäß § 22 BBiG ist nur bei Vorliegen eines wichtigen Grundes schriftlich – unter Angabe des Grundes – möglich. Will der Auszubildende den Beruf wechseln oder aufgeben, muss eine Frist von 4 Wochen eingehalten werden. Bei einer Kündigung durch den Ausbildenden – auch während der Probezeit – ist die vorherige Anhörung des Betriebsrates vorgeschrieben.

Zu 5. Siehe zu **1.**

13.05

Nichtig (nach § 12 Abs. 2 BBiG) ist eine Vereinbarung über

> 1. die Verpflichtung des Auszubildenden, für die Berufsausbildung eine Entschädigung zu zahlen,
> 2. Vertragsstrafen,
> 3. den Ausschluss oder die Beschränkung von Schadenersatzansprüchen,
> 4. die Festsetzung der Höhe eines Schadenersatzes in Pauschbeträgen.

4

BBiG § 12 (Auszug)

Gemäß § 11 BBiG hat der Ausbildende unverzüglich nach Abschluss des Berufsausbildungsvertrages, spätestens vor Beginn der Berufsausbildung, den wesentlichen Inhalt des Vertrages schriftlich niederzulegen (vgl. Lösung 13.04, vorige Seite).

Der unterschriebene Vertrag muss bei der Kammer zur Eintragung in das Verzeichnis der Berufsausbildungsverhältnisse zusammen mit dem Ausbildungsplan und – bei Minderjährigen – der ärztlichen Untersuchungsbescheinigung eingereicht werden.

13.06

Gemäß § 48 BBiG ist während der Berufsausbildung zur Ermittlung des Ausbildungsstandes eine Zwischenprüfung entsprechend der Ausbildungsordnung durchzuführen. Sie soll in der Mitte des zweiten Ausbildungsjahres stattfinden.

Gegenstand der Zwischenprüfung sind die im Ausbildungsrahmenplan und im Rahmenlehrplan der Berufsschule für das 1. Ausbildungsjahr vorgeschriebenen Kenntnisse und Fertigkeiten. Die Teilnahme muss bei der Anmeldung zur Abschlussprüfung nachgewiesen werden. 3

Sofern die Ausbildungsordnung vorsieht, dass die Abschlussprüfung in zwei zeitlich auseinander fallenden Teilen durchgeführt wird, entfällt eine Zwischenprüfung (vgl. § 48 Abs. 2 BBiG).

Ein Bestehen oder Nichtbestehen der Zwischenprüfung wird nicht festgestellt.

Alle anderen Aussagen **1**, **2**, **4** und **5** treffen auf die Zwischenprüfung nicht zu.

13.07

Berufsbildung umfasst gemäß § 1 BBiG

- die Berufsausbildungsvorbereitung
- die Berufsausbildung
- die berufliche Fortbildung und
- die berufliche Umschulung

§

§ 1
Ziele und Begriffe der Berufsbildung

(1) Berufsbildung im Sinne dieses Gesetzes sind die Berufsausbildungsvorbereitung, die Berufsausbildung, die berufliche Fortbildung und die berufliche Umschulung.

(2) Die Berufsausbildungsvorbereitung dient dem Ziel, durch die Vermittlung von Grundlagen für den Erwerb beruflicher Handlungsfähigkeit an eine Berufsausbildung in einem anerkannten Ausbildungsberuf heranzuführen.

(3) Die Berufsausbildung hat die für die Ausübung einer qualifizierten beruflichen Tätigkeit in einer sich wandelnden Arbeitswelt notwendigen beruflichen Fertigkeiten, Kenntnisse und Fähigkeiten (berufliche Handlungsfähigkeit) in einem geordneten Ausbildungsgang zu vermitteln. Sie hat ferner den Erwerb der erforderlichen Berufserfahrung zu ermöglichen.

(4) Die berufliche Fortbildung soll es ermöglichen, die berufliche Handlungsfähigkeit zu erhalten und anzupassen oder zu erweitern und beruflich aufzusteigen.

(5) Die berufliche Umschulung soll zu einer anderen beruflichen Tätigkeit befähigen.

Quelle: Berufsbildungsgesetz (BBiG) vom 1. April 2005 – Auszug –

Bei der Fortbildung unterscheidet man die Anpassungsfortbildung und die Aufstiegsfortbildung.

a)	In diesem Falle handelt es sich um eine Ausbildungsmaßnahme; berufliche Fortbildung setzt eine abgeschlossene Ausbildung voraus.	3
b)	Anpassungsfortbildung: Frau Müller erweitert ihre Fertigkeiten, um den Anforderungen am Arbeitsplatz gerecht zu werden.	1
c)	Mit der bestandenen Prüfung zur Bilanzbuchhalterin wird Frau Schneider einen besser vergüteten Arbeitsplatz erhalten: Aufstiegsfortbildung.	2
d)	Dieser Lehrgang dient der Verbesserung der Sprachkommunikation und gehört damit zur Anpassungsfortbildung.	1
e)	Der Kursbesuch von Sabine Weller (Glasmalerei bei der Volkshochschule) gehört in die Privatsphäre.	3
f)	Die Einweisung von Sabine Weller in die Bedienung der neuen Telekommunikationsanlage ist eine Anpassungsfortbildung im Rahmen der technischen Entwicklung.	1

14.01

Das Gesetz über Betriebsärzte, Sicherheitsingenieure und andere Fachkräfte für Arbeitssicherheit bestimmt in § 5 Abs. 1:

„Der Arbeitgeber hat Fachkräfte für Arbeitssicherheit (Sicherheitsingenieure, -techniker, -meister) schriftlich zu bestellen". Die Aufgaben der Fachkräfte für Arbeitssicherheit werden in § 6 und die Anforderungen in § 7 ArbSichG aufgeführt. 5

14.02

Die Berufsgenossenschaft ist Träger der Unfallversicherung im Rahmen der Sozialversicherungspflicht. Beitragszahler sind die Arbeitgeber, der Bund und – für Schüler und Studenten – die Länder.

Zu den Leistungen gehören:

- Unfallversicherung, Erlassen von Unfallverhütungsvorschriften und Unfallforschung
- Heilbehandlung bei Unfällen oder Berufskrankheiten
- Umschulung bei Einschränkung der Berufsausübung (Rehabilitation)
- Unfallrente bei mindestens 20 Prozent Erwerbsunfähigkeit
- Hinterbliebenenrente
- Sterbegeld

Nicht zu den Aufgaben der Berufsgenossenschaft gehört die Überwachung der der rationellen Energieverwendung. 5

Die Einhaltung gesetzlicher Auflagen zum Emissionsschutz und zur Umwelttechnik wird von zahlreichen Behörden auf Bundes-, Landes- und Gemeindeebene kontrolliert, z. B. von staatlichen Gewerbeaufsichtsämtern.

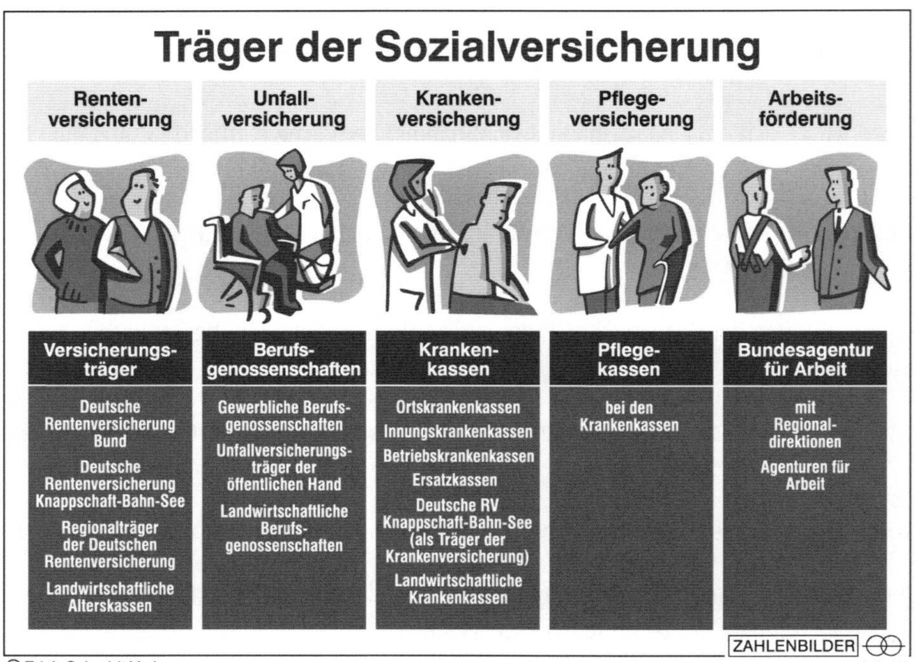

©Erich Schmidt Verlag 141 510

14.03

Abfallvermeidung
Das Vermeiden von Abfällen hat Vorrang vor Verwertung von Abfällen. Maßnahmen dazu können sein: Mehrwegverpackungen nutzen, sparsamer Verbrauch von Materialien, Wegwerfartikel vermeiden, Papier doppelseitig verwenden u. v. m.

Abfallentsorgung
Viele Abfälle enthalten Schadstoffe, sodass eine reguläre Entsorgung verboten ist. Diese Abfälle müssen gesondert gesammelt und entsprechend fachgerecht entsorgt werden, z. B. Altöl, Elektro-/Elektronikgeräte, Batterien usw.

Abfalltrennung
Voraussetzung für die Schonung der Umwelt ist eine saubere Abfalltrennung nach verschiedenen Abfallfraktionen:

- Papier und Pappe
- Glas
- Kunststoffe
- Metalle
- biologisch abbaubare Küchen- und Kantinenabfälle
- Restmüll

Für jeden dieser Abfallfraktionen stehen separate Sammelbehälter zur Verfügung.

Recycling
Aufbereitung/Verwendung von gebrauchten Materialien zur erneuten Verwendung (Sekundärrohstoff) oder zur energetischen Verwertung und damit zur Schonung der Rohstoffquellen bzw. der Umwelt.

a) 3
b) 4
c) 1
d) 2
e) 1
f) 2 3
g) 4
h) 1

14.04

Der Vorschlag **4** ist **nicht** geeignet Energiekosten einzusparen.

4

Die Einführung der Just-in-time-Belieferung führt in der Regel zu einer Erhöhung der Transportkosten und damit zu einer Erhöhung der Energiekosten.

Alle anderen Aussagen sind richtig.

Maßnahmen zur Energiekosteneinsparung sind u. a.

- Einbau von Fenstern mit Isolierverglasung
- Einsatz von Energiesparlampen
- Kauf von Elektrogeräten mit geringem Stromverbrauch
- Verringerung des Stand-by-Betriebes von Elektrogeräten
- Installation von Solarzellen
- Temperaturregelung über Außenfühler
- Wärmedämmung an Gebäuden

15 Berufsbezogenes Rechnen

15.01

Lösungsweg Dreisatz

$$\begin{array}{lll} 800 \text{ Briefe} & \triangleq & 40 \text{ Minuten} \\ 1.900 \text{ Briefe} & \triangleq & x \text{ Minuten} \\ \hline 1 \text{ Brief} & \triangleq & \frac{40}{800} \end{array}$$

$$1.900 \text{ Briefe} \triangleq \frac{40 \cdot 1\,900}{800} \triangleq \underline{\underline{95 \text{ Minuten}}}$$

Min.

9	5

15.02

Lösungsweg Dreisatz

$$\begin{array}{lll} 68 \text{ Tage} & \triangleq & 27 \text{ Arbeitskräfte} \\ 51 \text{ Tage} & \triangleq & x \text{ Arbeitskräfte} \\ \hline 1 \text{ Tag} & \triangleq & 27 \cdot 68 \end{array}$$

$$51 \text{ Tage} \triangleq \frac{27 \cdot 68}{51} \triangleq \underline{\underline{36}}$$

Es werden 36 Arbeitskräfte benötigt.

Arbeits-
kräfte

3	6

15.03

Verteilungsrechnen:

Zunächst werden die Umsatzanteile der Niederlassungen addiert:

450.000 EUR + 480.000 EUR + 460.000 EUR + 210.000 EUR = 1.600.000 EUR

Der Jahresgewinn beträgt 198.000 EUR

Auf 1 EUR entfällt demnach 1/1.600.000 von 198.000 EUR = 0,12375 EUR

Auf 450.000 EUR (Niederlassung München) entfallen
450.000 EUR · 0,12375 EUR = 55.687,50 EUR

EUR

5	5	6	8	7	,	5	0

15.04

$$\text{Prozentsatz} = \frac{\text{Prozentwert} \cdot 100}{\text{Grundwert}}$$

Prozentwert = 560.000 EUR
− 484.400 EUR

75.600 EUR

Grundwert = 560.000 EUR

$$\text{Prozentsatz} = \frac{75.600 \cdot 100}{560.000} = \underline{\underline{13{,}5\ \%}}$$

oder:

560.000 EUR ≙ 100 %
484.400 EUR ≙ x %

$$\frac{100 \cdot 484.400}{560.000} = 86{,}5\ \%$$

$100\ \% - 86{,}5\ \% = \underline{\underline{13{,}5\ \%}}$

%		,
1	3	5

15.05

$$\text{Prozentsatz} = \frac{\text{Prozentwert} \cdot 100}{\text{Grundwert}}$$

$$= \frac{140 \cdot 100}{1.940} = \underline{\underline{7{,}2\ \%}}$$

%	,
7	2

15.06

Nettogewicht 840 kg ≙ 98 %
+ Tara 2 %

Bruttogewicht x kg ≙ 100 %

98 % ≙ 840 kg (verminderter Grundwert)
100 % ≙ x kg

$$\frac{840 \cdot 100}{98} = 857{,}1428 \approx \underline{\underline{857{,}143\ \text{kg}}}$$

Das Bruttogewicht der Sendung beträgt 857,143 kg.

		kg	,		
8	5	7	1	4	3

15.07

Skonto ist ein Preisnachlass vom Rechnungsbetrag für einen angebotenen, aber nicht beanspruchten Lieferantenkredit.

$$\text{Grundwert} = \frac{\text{Prozentwert} \cdot 100}{\text{Prozentsatz}}$$

$$2\ \% \triangleq 125\ \text{EUR}$$
$$100\ \% \triangleq x\ \text{EUR}$$

$$x = \frac{125 \cdot 100}{2} = \underline{\underline{6.250,00\ \text{EUR}}}$$

EUR				,	
6	2	5	0	0	0

15.08

Der Rechnungsbetrag enthält den Umsatzsteueranteil, entspricht also 119 % = vermehrter Grundwert.

Zunächst muss der reine Grundwert berechnet werden.

$$119\ \% \triangleq 16.710,00\ \text{EUR}$$
$$100\ \% \triangleq x\ \text{EUR}$$

$$x = \frac{16.710 \cdot 100}{119}$$

$$= 14.042,02\ \text{EUR (Warenwert)}$$

Berechnung der Umsatzsteuer:

19 Prozent vom Warenwert

$$x = \frac{19 \cdot 14.042,02}{100} = \underline{\underline{2.667,98\ \text{EUR}}}$$

oder:

Differenz zwischen Rechnungsbetrag einschließlich Umsatzsteuer und dem Warenwert:

$$\begin{array}{r} 16.710,00\ \text{EUR} \\ -\ 14.042,02\ \text{EUR} \\ \hline \underline{\underline{2.667,98\ \text{EUR}}} \end{array}$$

EUR				,	
2	6	6	7	9	8

15.09

Bei der Promille-Berechnung entspricht der Grundwert nicht 100 Prozent, sondern 1 000 Promille.

a) Absatz 2009 = 3 311 Stück
Absatz 2008 = 3 280 Stück

Differenz 31 Stück Absatzsteigerung

Der Absatz 2008 entspricht 1 000 Promille

3 280 Stück ≙ 1 000 ‰
31 Stück ≙ x ‰

$$x = \frac{1\,000 \cdot 31}{3\,280} = \underline{\underline{9{,}45\ ‰}}$$

a) ‰ , 9 | 4 5

b) Umsatz 2008 = 12.470 EUR
Umsatz 2009 = 12.360 EUR

Differenz 110 EUR Umsatzrückgang

Der Umsatz 2008 entspricht 1 000 Promille

12.470 EUR ≙ 1 000 ‰
110 EUR ≙ x ‰

$$x = \frac{1\,000 \cdot 110}{12.470} = \underline{\underline{8{,}82\ ‰}}$$

b) ‰ , 8 | 8 2

15.10

Zunächst berechnen wir die Raumanteile der drei Abteilungen

a) Werkstätten	=	1 300 m²	≙	x Teile
b) Lager	=	250 m²	≙	x Teile
c) Verwaltungsräume	=	450 m²	≙	x Teile
		2 000 m²	≙	100 Teile

a) $x = \frac{100 \cdot 1\,300}{2\,000} = 65$ Teile

b) $x = \frac{100 \cdot 250}{2\,000} = 12{,}5$ Teile

c) $x = \frac{100 \cdot 450}{2\,000} = 22{,}5$ Teile

Verteilung der Stromkosten:

100 Teile ≙ 29.000 EUR

1 Teil ≙ 290 EUR

a)	65	Teile	≙	18.850	EUR
b)	12,5	Teile	≙	3.625	EUR
c)	22,5	Teile	≙	6.525	EUR
	100	Teile	≙	29.000	EUR

	EUR	,
a)	1 8 8 5 0	0 0
b)	3 6 2 5	0 0
c)	6 5 2 5	0 0

15.11

Devisenkurse werden in **Euro** notiert, d. h. die angegebenen Devisenkurse gelten jeweils für 1 Euro.

In der Aufgabe 15.11 wird als Devisenkurs 0,93 GBP für einen Euro angegeben.

Daraus ergibt sich folgender Rechenweg:

0,93 GBP = 1 EUR
3.248 GBP = x EUR

$$x = \frac{3.248}{0{,}93}$$

$$x = 3.492{,}4731 \cong \underline{\underline{3.492{,}47 \text{ EUR}}}$$

EUR	,
3 4 9 2	4 7

15.12

Wenn Ihr Ausbildungsbetrieb Rechnungen aus dem Ausland bekommt, dann können diese Rechnungen z. B. durch Auslandsüberweisungen bargeldlos beglichen werden. Bei Überweisungen wird das Geld zwischen den einzelnen Banken per Computer verrechnet, das nennt man „**Buchgeld**". Im Auslandszahlungsverkehr bezeichnet man das Buchgeld in fremden Währungseinheiten als **„Devisen"** (Bargeld in fremden Währungseinheiten heißt dagegen „Sorten").

Bei den Devisenkursen unterscheidet man zwischen **Geld- und Briefkursen**. Die Bank kauft und verkauft EURO. Da die Fremdwährung durch den Umrechnungskurs dividiert wird, rechnet die Bank beim Verkauf mit dem (niedrigeren) Geldkurs und beim Kauf mit dem (höheren) Briefkurs.

Im Geschäftsfall der Aufgabe 15.12 verkauft unsere Bank EURO, also muss hier der **Geldkurs** verwendet werden.

Bei der Umrechnung von einer nationalen Währungseinheit in Euro ist der Währungsbetrag durch den Umrechnungskurs zu dividieren.

Es sind in Euro umzurechnen:

- **England 785 GBP**
  Gemäß der Tabelle über die Devisenkurse lautet der Kurs 0,9050 GBP für 1 Euro.

  0,9050 GBP = 1 EUR
  785,0000 GBP = x EUR

  $$\frac{785{,}0000}{0{,}9050} = 867{,}4033 \cong \mathbf{867{,}40\ EUR}$$

- **Schweiz 10.750 CHF**
  Der Kurs lautet 1,5133 CHF für 1 Euro.

  1,5133 CHF = 1 EUR
  10.750,0000 CHF = x EUR

  $$\frac{10.750{,}0000}{1{,}5133} = 7.103{,}6806\ \text{EUR} \cong \mathbf{7.103{,}68\ EUR}$$

- **Schweden 25.648 SEK**
  Der Kurs lautet 10,2360 SEK für 1 Euro.

  10,2360 SEK = 1 EUR
  25.648,0000 SEK = x EUR

  $$\frac{25.648{,}0000}{10{,}2360} = 2.505{,}6662\ \text{EUR} \cong \mathbf{2.505{,}67\ EUR}$$

Die ermittelten Euro-Beträge werden addiert:

	867,40 EUR
+	7.103,68 EUR
+	2.505,67 EUR
	10.476,75 EUR

Die Bank belastet unser Konto (ohne Gebühren) mit 10.476,75 Euro.

EUR 1 0 4 7 6 , 7 5

Bildnachweis

Fotos	Seite
BlackBerry.com	22
Canon	26
Casio Computer Co. GmbH Deutschland	52, 62
Coop	67
Goltz	55

Titelbild

© RRF – Fotolia.com

Notizen

Notizen

Notizen

Bestellschein

Bitte hier Ihre Kunden-Nummer eintragen:

Absender/Stempel (genaue Versandanschrift)

U-Form-Verlag
Hermann Ullrich (GmbH & Co) KG
Cronenberger Straße 58
42651 Solingen

E-Mail

Datum/Unterschrift

Bitte achten Sie darauf, dass Sie nur auf einem Weg bestellen, um Doppellieferungen zu vermeiden.

Telefon 0212 22207-0 oder **Fax 0212 208963** oder **E-Mail: uform@u-form.de** oder **Internet: www.u-form.de**

Titel	Bestell-Nr.	Anzahl	Einzelpreis	Gesamtpreis

Preise einschließlich Mehrwertsteuer (außer bei Einstellungstests), zuzüglich Versandkostenpauschale von 5,60 €, Angebot freibleibend

☐ **Eilservice 5,50 €**

Summe

Zusätzlich möchte ich einen kostenlosen Prospekt zu den angekreuzten Themen:

- ☐ Automobilkaufmann/-frau
- ☐ Bankkaufmann/-frau
- ☐ Bürokaufmann/-frau
- ☐ Florist/Floristin
- ☐ Gastgewerbe
- ☐ Industriekaufmann/-frau
- ☐ Immobilienkaufmann/-frau
- ☐ IT-Berufe
- ☐ Kfm./Kffr. f. Bürokommunik.
- ☐ Kfm./Kffr. für Versicherungen und Finanzen
- ☐ Kfm./Kffr. im Einzelhandel Verkäufer/in
- ☐ Kfm./Kffr. im Groß- und Außenhandel
- ☐ Reiseverkehrskfm./-frau
- ☐ Kfm./Kffr. f. Spedition und Logistikdienstleistung
- ☐ Einstellungstests
- ☐ U-Form-Aktuell
- ☐ AkA/IHK Veröffentlichungen